行き交い、集う人々

感染症×文系力

はしがき

二〇二〇年の初頭以来、私たちは旅行や会食を控え、パソコン越しに仕事や宴会をしてきた。それから三年半、新型コロナは季節性インフルエンザと同じ扱いとなったが、不安と我慢の歳月は風化してしまうのか。それとも、未来へと活かされていくのだろうか。

本書はその手がかりを、秋田大学教育文化学部の教員たちが世界の文化と歴史の中に探し求めた軌跡である。二〇二〇年から毎年一回、秋田魁新報の文化欄に掲載された三つの連載企画が収録されている。コロナ禍と行動制限の中で着想をえた当時のお題をそのままに、第一部「感染症」を全体の背景として、第二部「旅と移動」、第三部「集う人々」へと続く。

この三年間の出来事を思い出しながら通読しても、目次で好きなテーマや地域を探して読んでいただいてもよいだろう。日本からアジアそして欧米へ、文学と芸術、歴史や思想、伝統文化を広くかつ深く見渡していただきたい。古今東西を生きた人々の姿に、未来への道標を探る機会となれば幸いである。

二〇二三年五月

編者一同

目次

第一部　感染症

第二部　旅と移動

第三部　集う人々

カバー装幀　吉田恵美

第一部　感染症

二〇二〇年一月、日本で初めて新型コロナウィルス感染者が確認された。不安、我慢、孤独の日々が始まった。緊急事態宣言が出て、ウィズコロナが叫ばれる中、感染症そのものへの関心も高まった。人類は感染症といかに向き合い、これをどのように描き、克服しようとしてきたのか。約一〇〇年前、世界中でスペイン風邪が流行した頃の日本の小説から見ていこう。

志賀直哉「流行感冒」が描いた現実

山﨑義光

　志賀直哉の小説に「流行感冒」（『白樺』一九一九年四月）という作品がある。第一次世界大戦中の「スペイン風邪」が日本で話題となり始めたのは一八年四月頃で、十一月に最初のピークを迎えた。この頃の体験が題材である。

　志賀は一五年に柳宗悦《やなぎむねよし》に誘われて千葉県我孫子《あびこ》に住む。その翌年、武者小路実篤《むしゃのこうじさねあつ》を同地に誘う。当時の志賀は実父との関係が不和で、長女が病で夭折《ようせつ》し、次女留女子《るめこ》が一七年七月に誕生していた。こうした身辺の事を小説「和解」の題材とした。次女の出産に立ち会う挿話は印象的で重要な一場面である。このあとに父と和解するまでを描いた。

　それから一年後の体験が「流行感冒」の題材である。原題は「流行感冒と石」で、石という女中を中心にインフルエンザ流行の渦中を描いている。

　小説は「最初の児が死んだので、私達には妙に臆病が浸込《しみこ》んだ」と始まる。「私」は過剰に病

志賀直哉（1883-1971）

気を恐れていた。次女は「左枝子」の名で登場する。「流行性の感冒が我孫子の町にもはやって来た。私はそれをどうかして自家《うち》に入れないようにしたいと考えた。その前、町の医者が、近く催される小学校の運動会に左枝子を連れて来る事を妻に勧めていた。しかしその頃は感冒《かぜ》がはやり出していたから、私は運動会へは誰もやらぬ事にした」

さらに「毎年十月中旬」にある町の芝居興行を女中たちは楽しみにしていたが、「今年だけは特別に禁じて、その代り感冒でもなくなったら東京の芝居を見せてやろう」と言っていた。だがその日、石はどこかに出かけていた。帰ってからも「芝居には参りません」と断言する。半信半疑な私は石を子に近づけないよう妻に言ったが、子を抱く石を見つけて叱りつけてしまう。そんな情況に私は不愉快を募らせる。その後、石の嘘が判明し、暇を出すと決めるが、妻にとりなされて許す。

数週間後「流行感冒も大分下火になった」頃、私が感染してしまう。妻、もう一人の女中、看護婦そして左枝子にも次々伝染した。家事も回らなくなる中、普段それほど働き者ではない石だけは発症せず献身的に皆の面倒をみた。それから私の見方が変わる。

志賀はいつどこで感染するかわからないウイルスの脅威を理解し不安を抱くがゆえに、無頓着な石に苛立《いらだ》ちを募らせた。だが、恐れないゆえに石は目の前の現実に善意で応じ振る舞う。感染症流行騒動の経過を追った写実的描写と、しだいに石の向日的な人柄を理解する多角的描写が光った佳作である。

志賀は一九二三年まで我孫子に住んだ。「流行感冒」後を題材とした短編に「雪の日」「雪の遠足」がある。ここで「城の崎にて」「小僧の神様」「暗夜行路」などの作品も書き、時代を代表する作家となった。

武者小路は一八年には「新しき村」創設に動き宮崎県へ移っていた。全世界の人間誰もが個性と天命をもつことを認め、労働と芸術を通じて自己を成長させる理想の生活を求めた。一方、柳が我孫子に住んだのは、母の弟、嘉納治五郎《かのうじごろう》が別荘を持っていたことが機縁だった。柳はここで朝鮮の工芸品を知り、柳邸に窯をもったイギリス人陶芸家バーナード・リーチとの交流などを通じて、無銘の工芸品に生活に根ざした「用の美」を見いだし、のちに「民藝《みんげい》」と呼ぶきっかけを得た。

二十世紀初めに感染症が身辺に迫ったのは、地球が一元的な「世界」として現実的な関係をもつグローバル化の一端だった。白樺派の文学者たちは、そうした時代に求むべき価値観を追求したのだった。

〔2020・10・7〕

コレラ禍のヴェニスに死す

中村寿

中編小説『ヴェニスに死す』の著者トーマス・マン（一八七五～一九五五年）はドイツ帝国の北方、バルト海沿岸の都市リューベックに生まれた。小説の成立は第一次世界大戦直前の一九一一年である。十九世紀を通じてイタリア統一が実現されるまで、ヴェニス（ヴェネツィア）を含む北イタリアはオーストリア＝ハンガリー帝国の強い影響下にあった。戦後の二重帝国の崩壊が迫るなかで発表されたこの作品からは、北欧ゲルマンの内省性・南欧カトリック＝バロックのむせかえるような豪華さ・東欧バルカンと中近東の蠱惑《こわく》的な甘さの混交から織りなされる、古き良き時代の残滓《ざんし》を聞き取ることができる。

この雰囲気は第二次世界大戦後の米ソ対立による欧州東西分断、ベルリンの壁崩壊後の商業主義と観光開発によって失われてしまった。読書には失われてしまった風景を心の中で回復するという意義もある。

主人公グスタフ・フォン・アッシェンバッハは齢《よわい》五十を過ぎた男性の大作家である。彼の作品はドイツ語の模範として教科書に採用された。彼自身はその功績を通じて貴族に列せられた。作

映画『ベニスに死す』より
(写真提供：ALFA CINEMATOGRAFICA／Ronald Grant Archive／Mary Evans／共同通信イメージズ)

家は気分転換のつもりで訪れたヴェニスでポーランドの少年の美しさに魅了される。

　作家と少年は同じ高級リゾートに滞在し、ホテル、ビュッフェ、砂浜、旧市街で幾度となく視線を交わした。少年は作家のまなざしに気づき、微笑みを返すようになる。しかし彼らの交流はコレラ菌の蔓延《まんえん》によって引き裂かれた。

　ヴェニスがロックダウン（都市封鎖）されるとの情報を得た作家は、少年に帰国を勧めることも考えたが、そうしなかった。少年への愛を自覚した作家にとって、少年との別離は耐えがたいことだった。

　死を予感しつつ、少年のそばにとどまる決断をした作家は、常軌を逸した行動をとる。少年と同じ若さを手に入れようと、毛髪を黒く染め直し、パーマをあててボリュームを出し、顔に白粉《おしろい》をはたき、唇に紅を差した。作家は異様ないでたちで、がらんどうになった旧市街を、少年の姿を求めて徘徊《はいかい》した。その後、波の向こうにたたずむ少年を見ながら、作家は息を引き取った。

　コロナウイルスの感染経路が主に飛沫《ひまつ》であるのに対して、コレラ菌は経口つまり飲食物を通じて摂取される。作家アッシェンバッハは感染の可能性を自覚しつつ、露店の苺《いちご》を食べた。彼は自身の生と少年への愛を天秤《てんびん》にかけ、死と引き換えに美の陶酔を選んだ。節制に対して快楽の追求を止めなかったこの大作家の生き様《ざま》から、われわれ読者は現実世界では禁忌とされる滅びの美学を見いだしてきたに違いない。

トーマス・マンは作中にコレラ禍をもち込むことを通じて、少数派の問題も明るみに出した。アッシェンバッハのドイツ語は国語の模範であった。その役割に応じて、作家のプライベートもまた、国民の代表にふさわしくあるべきだろう。

しかし、マンは国民作家のプロフィールをそうは書かなかった。作家は自身の美意識に忠実に、同性愛の欲望に身をゆだねていった。作中の架空の国民が作家の死因を知ったかどうかについては、読者の想像にまかされている。現在であればともかく、一世紀前に、国民作家の死因として同性愛と感染症が報じられたとしたなら、国民の受ける衝撃はどれほどのものだっただろうか。

中世ヨーロッパのペスト蔓延時には、ユダヤ人が井戸に毒を投げ込み、キリスト教徒を殺戮《さつりく》したという陰謀論がはびこった。『ヴェニスに死す』では、コレラ禍が挿入されることを通じて、少数派の性的嗜好《しこう》に光が当たった。近代国家が家族のモデルとして異性愛を前提とし、同性愛を法的保護の対象から除外してきたことは周知の事実である。

『ヴェニスに死す』は近代国家の家父長制批判としても読むことができる。コロナ禍を通じ、米国では人種問題が改めて明るみに出た。Ｂｌａｃｋ Ｌｉｖｅｓ Ｍａｔｔｅｒ（ブラック・

ライヴズ・マター＝黒人の命を軽くみるな）運動は、コロナウイルス感染爆発をきっかけに、少数派の問題を投げかけ、連帯を促す大きなうねりとなった。

米国の統計で、新型コロナウイルス感染によるアフリカ系アメリカ人の死亡率は白人に比べて顕著に高いことが明らかになった。人種問題は経済・医療格差の問題でもある。

感染症を通じて我々は、人間は平等でないという、目を背けたくなる事実に改めて向かい合うことを余儀なくされた。平時は少数派の発する問いを雑事に紛れてやり過ごしているが、コロナ禍のさなかにいる今、他者に想いを巡らすことがこれまで以上に強く求められている。

〔2020・10・14〕

ロシア文学が描くSF的パンデミック

長谷川章

ロシア文学を題材に、文学が現実の伝染病をどう描いたかではなく、架空の伝染病を想像でつくり上げた例について考えてみたい。

架空の伝染病が世界を襲う話といえば、まずはドストエフスキー『罪と罰』（一八六六年）の主人公ラスコーリニコフの夢だろう。

主人公は、精神的苦悩の果てに、自分が凡人ではなく、歴史を動かす超人なのかを確かめるため、殺人を犯してしまう。その彼が、信仰厚い女性ソーニャの感化を受け、葛藤に苦しみながらついに自首するというのが本編だ。

エピローグでは、シベリアへ流刑になった主人公とソーニャのその後が描かれる。ソーニャは流刑地近くへ移住し、彼と面会を重ねる。ラスコーリニコフは時に彼女につらくあたるのだが、ある日、重病で倒れてしまう。

高熱の中で彼が見た夢は実に異様だった。夢では、新種の微生物による伝染病が突如全世界に広がる。この病にかかった者は自分が絶対に正義だと信じこみ、他人を排除しようとする。結果、

フョードル・ドストエフスキー
（1821-1881）

世界は大量殺戮の渦中に置かれる。病を逃れたわずかな人たちは選ばれた民となり新しい世界の建設を目指すが、はたしてそれは本当に可能だったのかという疑いを投げかけ夢は終わる。

この壮大な悪夢は、もちろん、主人公が以前取りつかれた選民思想が世界滅亡規模に拡大したものである。だが、それを伝染病のたとえで描こうとした作家の着想は秀逸だ。目に見えぬ微生物が人間を精神上で操る世界は、現代ＳＦの先駆と言える。

その後、二十世紀初めにブリューソフは短編『南十字星共和国』（一九〇五年）を書き上げる。南十字星共和国とは、南極点に首都をもつ最先端の未来国家で、大都市をドームで覆い、南極内を電化鉄道で結び、市民は最高の文明を享受していた。だが、この国は、世界最大の製鉄企業幹部たちが実効支配する独裁国家でもあった。

その首都で、突如、精神的な伝染病が蔓延する。この感染者は自分の意志と正反対の行動をとってしまう。結果、大事故、大量殺人が激増し、ついに極寒期の首都は交通・通信網が破綻し、世界から孤絶したまま崩壊する。

この小説は、ある意味、スピード感にみちたホラー映画のようだ。終盤、もはや患者かそうでないかも判別できぬまま、人々が襲いあう様子は壮絶を極める（ぜひ映画化してほしい）。一方で、振り返れば、この国は経済至上主義の「魂」なき国家でもある。

最後では復興の始まりが語られるが、疫病が終息すればそれまでの独裁体制への反省もないまま、国家は再び立ち上がっていく。その結末は、国家自体が理性を失ったゾンビとなって甦っていくようにも映り、疫病とは別の恐怖を感じてしまうのである。

『罪と罰』に戻ろう。南極の共和国と違い、こちらはまだ悪夢から覚めるので救いがある。主人公ラスコーリニコフは重病から立ち直る。だが、同時にソーニャの来訪が途絶えてしまう。彼は彼女をかつてないほど深く案じる。実はソーニャは彼の回復直後に病に伏していたのだ。

主人公とヒロインの病気がここでは象徴的につなげられている（無論、両者の病気は同じではないし伝染病でもないが）。そうしてソーニャの回復を経て、『罪と罰』は最後のあの場面にたどり着くのだ。

回復したソーニャは、主人公の作業所を訪ねる（帝政の流刑地は意外に警備がゆるい）。そこで主人公は突然泣きだし彼女の両膝を抱きしめる。そこから彼の新たな再生が始まっていく。

このように主人公の復活までの経路は、二人の発病と回復を時間差でつなげながら周到に準備されていた。それは、悪夢的疫病観とはまた別のドストエフスキーの独創と言えるだろう。

〔2020・10・21〕

『ロミオとジュリエット』と黒死病

佐々木和貴

シェイクスピアが芝居を書いていた十六世紀末から十七世紀初頭にかけて、ロンドンはたびたび腺ペスト（黒死病）に襲われていた。

腺ペストはネズミに寄生するノミによって媒介される動物由来感染症で、肺に菌が回った患者は激しく咳《せ》き込むため飛沫感染しやすい。致死率は非常に高く、一六〇二年から一一年にかけてロンドンでの死亡者数は四万人を超えたと言われている。当時のロンドンの人口が二十万に満たないことを考えると、どれほどの大災厄であったか想像がつくだろう。

記録によれば、この時期ロンドンでは、一五八二年、一五九二〜九三年、一六〇三〜〇四年、一六〇六年、一六〇八〜〇九年と、実に五回も大きな流行があった。したがって、市当局は感染拡大をできるだけ防ぐため、ロンドン市内の各教区が毎週木曜日に発表するペスト関連の死亡者数を確認し、それが一定数を超えれば、多くの人が集まる催しをすべて禁止にしていた。

そのため、密閉・密集・密接の最たるものであるロンドンの劇場はしばしば閉鎖され、たとえば一六〇六年から一〇年にかけての公演期間は、トータルでもせいぜい九カ月程度だったようだ。

つまりシェイクスピアは、今の我々以上に、感染症に生活と生命を脅かされながら生きていたのである。

そのことをはっきりと示してくれる芝居が、有名な恋愛悲劇『ロミオとジュリエット』だ。

Lord, haue mercy
on London.
I follow.
We fly.
Wee dye.
Keepe out.

シェイクスピアと同時代の作家デッカーによる冊子『逃亡者への笞（むち）』の挿画。ペスト禍のロンドンから逃げ出そうとする人々を非難している。

一五九五年頃の上演と推定されるから、一五九二〜九三年の流行が収まってすぐ、シェイクスピアはこの悲劇を執筆していたことになるだろう。ペストはそこに以下のような影を落としている。

ロミオとジュリエットの恋の仲立ち役をつとめるフランシスコ派修道士ローレンス神父は、決闘を理由に追放されているロミオに便りをしたため、同僚のジョン神父に託す。その便りとは、ジュリエットが彼と駆け落ちするため仮死状態となる薬を飲み、彼が来るのを先祖の墓所で待っているとの内容だった。

ほどなく戻ってきたジョン神父に、ローレンス神父が「よく戻られた、ロミオはなんと?」と聞く。するとジョン神父は、仲間が疫病患者を訪問していたため、自分まで検疫官に濃厚接触者と疑われ、「戸には封印をされ、一歩も外へ出られなく」なっていたという事情を説明する。

それを聞いて驚いたローレンス神父が「私の手紙は、だれがロミオへ持っていってくれたのだい？」と尋ねると、ジョン神父は「届けることが出来ずに、——まだここに——そのうえ、こちらにお返ししようにも、みな感染症を怖がって使いの者も見つかりませんで」と答える。ローレンス神父ならずとも、「なんと運の悪い！」と慨嘆せずにはいられないだろう。

こうして、二人を幸せに導くはずの重要な知らせはロミオに届かず、この行き違いのために、墓所に駆けつけたロミオは（実は仮死状態の）ジュリエットの脇で服毒自殺し、蘇生したジュリエットは変わり果てたロミオの姿を見て、自らも短剣で胸を突くことになる。

このペストのエピソード、以前は、二人を心中に導く仕掛けとしてはいささか安易でご都合主義に感じていた。だが、現在のコロナ禍で再読してみると、その背後に、感染症とともに生きていたシェイクスピアの恐怖や諦念が透けて見えるような気がしてならない。

人間にはどうすることもできない力に翻弄《ほんろう》される、不運な恋人たちを描こうとした劇作家の目には、おそらく、二人を死に追いやる運命の最後の手先として、まさに感染症こそが最もふさわしいものに映っていたのではないだろうか。

〔2020・10・30〕

海の都ヴェネツィアと疫病への対峙

佐々木千佳

イタリア・ヴェネツィアの人々が夏の到来を感じる行事が、毎年七月の第三日曜日に行われる「レデントーレ（救世主）の祭り」だ。運河には対岸まで船が幾隻も横向きに並べられ、その上に設けられた仮設の橋を渡って人々は聖堂のあるジュデッカ島に参拝する。前夜にはサン・マルコ広場から一斉に花火が打ち上がり、付近の運河にはその様子をボートの上から眺めようと人々が参集する。ボートの群れが花火に照らされる光景は壮観だ。

レデントーレ聖堂は、一五七五年後半から七七年夏にかけてヴェネツィアを襲い、人口の約四分の一以上の命を奪ったペストの鎮静を祈願し救世主に奉献されたものである。ヴェネツィアを代表する画家ティツィアーノ・ヴェチェッリオ（一四八八／九〇ごろ～一五七六年）もこの犠牲者となった。ヴェネツィア共和国の社会経済機構は深刻な危機に陥り、災禍が最も激しかった一五七六年には、元老院が市民にその終息を祈るように呼びかけるとともに、気鋭の建築家アンドレア・パッラーディオ（一五〇八～一五八〇年）に依頼し聖堂を建設したのだった。幅広いジュデッカ運河に面して堂々と建つ正面観は対岸から望まれることを明確に意識して設計されている。

「サルーテ聖堂へ参詣するドージェの行列」（マルコ・ボスキーニ『絵画航路』1644 より）

祝典の際には、仮設の橋を渡って総督（ドージェ）が参詣し、疫病からの解放に感謝を捧げる儀式が執り行われ、その後一晩中続くミサに市民も参拝する。それが――今年は中止となってしまったが――共和国時代から四百年以上たった現在まで市民の重要な行事として続いている。

　ヴェネツィアには、中世の大規模なペスト流行以来何度もその脅威にさらされ、そのたびに国力を回復してきた歴史がある。海上の都市という地理的環境から、潟の凍結による災害や今も続く洪水（アックア・アルタ）といった自然の脅威にも果敢に対処してきた人々にとっても、ペストは最悪の敵であった。共和国行政もあらゆる手立てを講じ、保健委員会を定め、穀物を管理する監督官を置くなど食料供給の管理体制を強化し災禍に立ち向かった。

　さらに厳しい隔離政策として、リド島北部の小島に伝染病隔離病院を設立し、十六世紀には隣接の小島に増設している。こうした公衆衛生の取り組みにおいて十六世紀のヴェネツィアは、西欧のどの都市よりも厳しい政策を行っていたともいわれ、いわばペスト対策の先進国ともみなされていた。それでも運河や水に面した街路の悪臭はひどく、一五七五年のペストの蔓延、続く一六三〇年の大流行を食い止めることはできなかった。

猛威を振るう疫病の鎮静を祈願し、再び共和国はサンタ・マリア・デッラ・サルーテ（健康の聖母）聖堂の建設を決定し、巨大なドームを頂くバロック式聖堂が献堂された。疫病終息への感謝を神に捧げる祝典では、前述のレデントーレの祭りと同様、宗教行列が対岸から仮設の浮き橋を渡り聖堂に至った。

一六四四年の版画には、総督の行列が聖堂の正面の大階段を進む様子が記録されている。このように、聖堂は宗教行列の重要な最終目的地としての役割も果たし、国家の祝典の中心的な位置を占めていたことがわかる。

サルーテ聖堂の主祭壇。中央に12世紀のイコン「サルーテの聖母」。

画面の中央奥に小さく確認できる聖母のイコン（聖画像）は、祝典行列の際に掲げられ、現在も主祭壇上に置かれている。周りを囲むル・クールの祭壇彫刻は中央に聖母子、向かって右側に松明《たいまつ》を手にした天使に追い払われるペストの擬人像が激しい動勢で表されている。聖母の左側の彫像は、跪《ひざまず》いて祝福を受けるヴェネツィア国家の擬人像であろう。様々な行政の対策も奏功しなかった結果、こうしてイコンの魔術的な力へ祈念を込め奉納されたものだった。

現在も十一月二十一日に行われるサルーテの祭日には対岸から人々が参拝し、カストラディーナという羊肉の塩漬けを食する。たくさんの屋台も出てにぎわいを見せる、ヴェネツィア人が愛してやまない冬の楽しみの一つだ。堂々たる教会堂によって形づくられた壮麗な景観は、その苦難の歴史とそれに対峙《たいじ》し克服しようとしてきた人々の祈りの確かな痕跡でもある。そして今回もまた、コロナ終息の暁には市民たちが橋を渡り悦びあうことであろう。

〔2020・11・4〕

ペスト大流行と英仏百年戦争

佐藤猛

中世が終わる頃のヨーロッパにおいて、疫病ペスト（黒死病）が大流行した。一三四七年以降、無数の死者が出た中から、ここでは一人の王女の死を取り上げる。

英王エドワード三世（在位一三二七〜一三七七年）は百年戦争（一三三七〜一四五三年）を起こし、仏王位の継承権は自分にあると主張した人物である。その次女ジョーンは十五歳の時、大西洋に面したフランスの港町ボルドーにおいて、ペストに感染して死亡した。

世界有数のワイン産地であるボルドーと周辺のアキテーヌ地方は、十五世紀中葉まで英の領地だった。

エドワード三世は、フランス北西部を治めたアンジュー伯の子孫である。十二世紀、同伯は仏王の家臣であったが、婚姻関係を根拠にアキテーヌ地方とイングランド王国も版図に収めた。百年戦争は、この時以来の複雑な領有関係を清算するための戦いだった。

その序盤戦で、ジョーンがボルドーに向かったのも政略結婚のためである。エドワード三世は当時、戦闘と並行してフランスを包囲するかのように、大陸諸国とのあいだに姻戚関係を築いていた。その一つとして、後にスペインの一角をなすカスティーリャ王国に注目し、国王アルフォンソ十一世との度重なる交渉の末、王太子ペドロと次女ジョーンの婚約を成立させた。

一三四八年夏、ジョーンはポーツマスを出航した。ウェディングドレスやベッドカーテン等、嫁入り道具を載せた四艘《そう》の船がボルドー経由でカスティーリャを目指した。

だが東方からペストが迫っていた。半年前の同年一月、マルセイユにおいて、ノミに寄生したペスト菌がネズミとともに船に忍び込む。そして商人や兵士の荷物に紛れ込み、内陸河川沿いに西進した。

ボルドー市長レイモンは英船の寄港を阻止しようとしたが、時すでに遅し。ジョーンは上陸後、ペストに感染、九月二日に死亡した。その後、市内でも感染が拡大した十月、市長は波止場一帯を燃やすよう命じた。

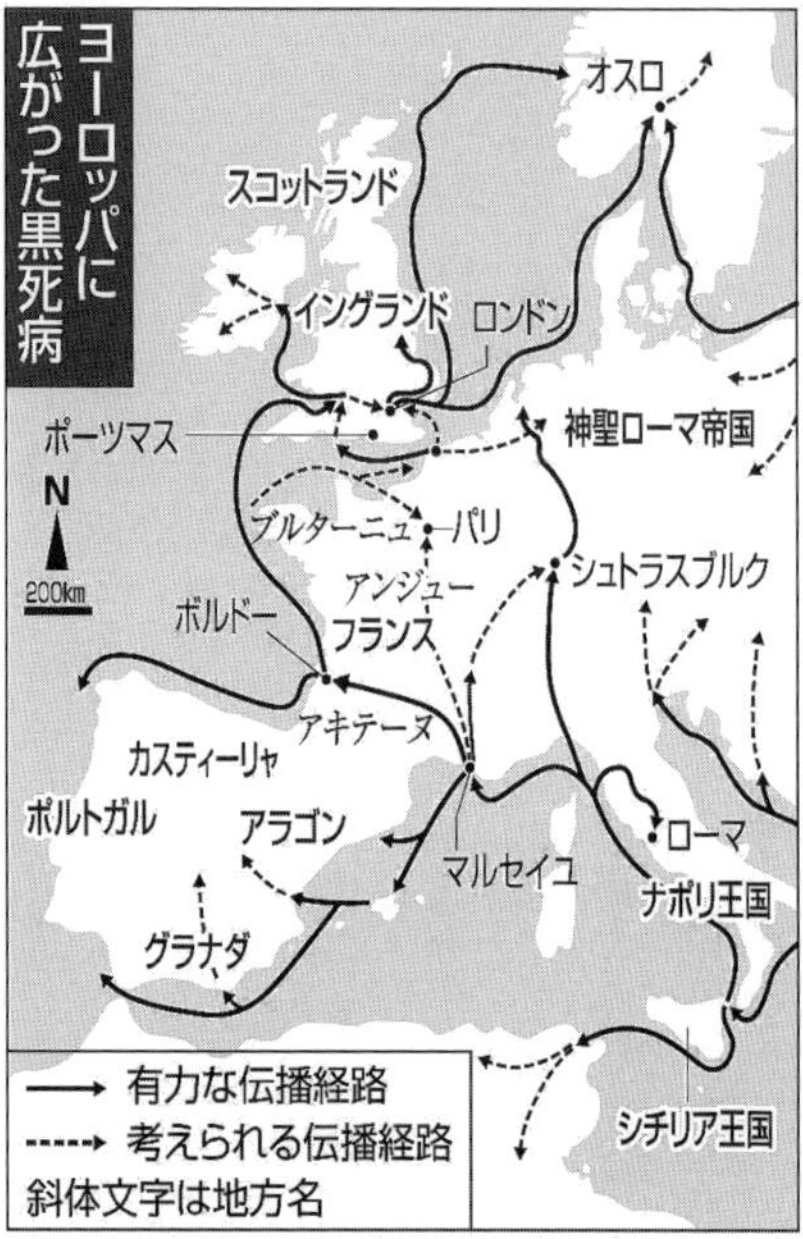

ジョン・ケリーの説に基づく伝播経路図

当時、ペストは細菌ではなく、大気汚染が引き起こす疫病だと考えられていた。汚染の原因としては、未埋葬の死体、地震、惑星の位置等、さまざまな説が唱えられた。市長は医師の助言により、汚染された港の浄化を決断した。

同年秋、収穫期のブドウ畑を人手不足が襲う中、エドワード三世は次女ジョーンの結婚を交渉してきたアルフォンソ十一世に書簡を送った。「貧富を問わず、手加減することもなく、老いも若きも葬り去る破滅的な死が（中略）最愛の娘を奪った」。エドワード三世はペストに対する恐怖と憎悪を吐露しつつ、「友好と真の愛情による同盟」の継続を求めた。婚約破談によりフランス包囲網がほころびることを懸念したのだろう。

こうして序盤戦では、外交とともに戦術にも支えられ、英軍は仏軍に勝ち続けた。戦場ではエドワード三世の息子エドワード黒《こく》太子が活躍した結果、平和条約が結ばれ、英の大陸領土は拡大した。

しかし、ジョーンの死から約十五年後、英王家との絆が薄れかけたカスティーリャ王国では、新国王ペドロの残忍な統治に対して反乱が起こった。この隙に仏が反乱陣営に合流し、英がペドロ陣営で応戦したことにより、英仏間でも戦争が再開した。その頃の仏軍では、小領主出身のベルトラン・デュ・ゲクランが異例の出世を遂げていた。彼の反騎士道的戦術が功を奏し、仏は失地回復に成功する。

ジョーンのペスト感染死は戦争再開の遠因となり、その後、仏の優位は約四十年間続いた。戦場ではアルフォンソ十一世、エドワード黒太子、デュ・ゲクランがそれぞれペスト、赤痢、チフスに倒れ、戦況はその都度膠着した。
百年戦争の歴史を、感染症と対峙した人々の視点から書き直すと、どのような歴史像が浮かび上がるのか。このテーマは、コロナ禍の終息後も問われ続けるに違いない。

〔2020・11・11〕

一六六五年ペストと現代イギリス演劇

大西洋一

たびたびロンドンで猛威を振るった腺ペストは、一六六五年に再びこの大都市を襲い、当時の人口約四十六万人のうち死亡告知表で報告されただけでも約七万人の命を奪った。『ロビンソン・クルーソー』の著者として名高いダニエル・デフォーが著した『疫病の年の記録』（一七二二年、『ペスト』『ペストの記憶』等の題で邦訳あり）は、この災厄に見舞われたロンドンの混乱の日々を活写している。

「記録文学」と謳《うた》いながら実際は虚実をないまぜにして伝えている作品であるが、病気の症状や流行の拡大、家屋封鎖や行政府の対応などがロンドンの人々の暮らしぶりとともに描かれているため、コロナ禍の中で生きる私たちにとっても身につまされるような示唆を与えてくれる。

ペストを主題としたこの作品を、二十一世紀になってから音楽劇に翻案したのが現代英国の劇作家マーク・レイヴンヒルである。『ショッピング＆ファッキング』（一九九六年ロンドン初演）で九〇年代の演劇界に衝撃を与えたレイヴンヒルは、暴力やセックスの赤裸々な描写を通じて、現代を生きる人々の虚無感や不安を描いた「挑発演劇」の第一人者として一世を風靡《ふうび》した。

これまでも欧米の文学や歴史に材を求めた演劇を数多く書いていた彼はオペラの愛好家でもあり、先のデフォーの作品等を基にリブレット（台本）を書き、作曲家のコナー・ミッチェルと共に『十の災い（Ten Plagues）』（二〇一一年エディンバラ初演）という音楽劇をつくり上げた。

この作品はシューベルトの『冬の旅』のような連作歌曲集の形式をとり、一台のピアノの伴奏に乗せて、ペスト禍に襲われたロンドンを生き延びた一人の男性の物語が独唱によって語られていく。ピアノはミッチェル自身が担当し、主人公を演じたのは、八〇年代にカバー曲「汚れなき愛」をヒットさせたニューウェイヴ・デュオ「ソフト・セル」のボーカリストのマーク・アーモンドである。

十七の歌曲で綴られた『十の災い』のテーマは「孤独」。ペストが市中に蔓延し始めると、感染者が出て封鎖された家の扉に赤い十字の印が付けられる。彗星の現れも凶兆と捉えられ、天罰としての疫病に恐れをなした人々は、聖職者も商人も医師も王侯貴族もこぞってロンドンから逃げていく。市内に残ることに決めた主人公には、叶わぬ恋をする相手がいるが、時すでに遅くその人はペストに感染しており、二人は触れ合うこともできないまま最後の別れを告げるしかない。のちに主人公は、巨大な穴に投げ込まれた死体の山の中に愛する人の亡骸を見つけ、周りの人々を次々と失うという「死のごときこの孤独」をかみしめる。

デフォーの原作の印象的な場面を集めて作られた歌詞だけを見れば、確かにペスト流行まっただ中のロンドンで、恋人を思う男性の姿を描いた物語である。しかし実際の上演では、同性愛者

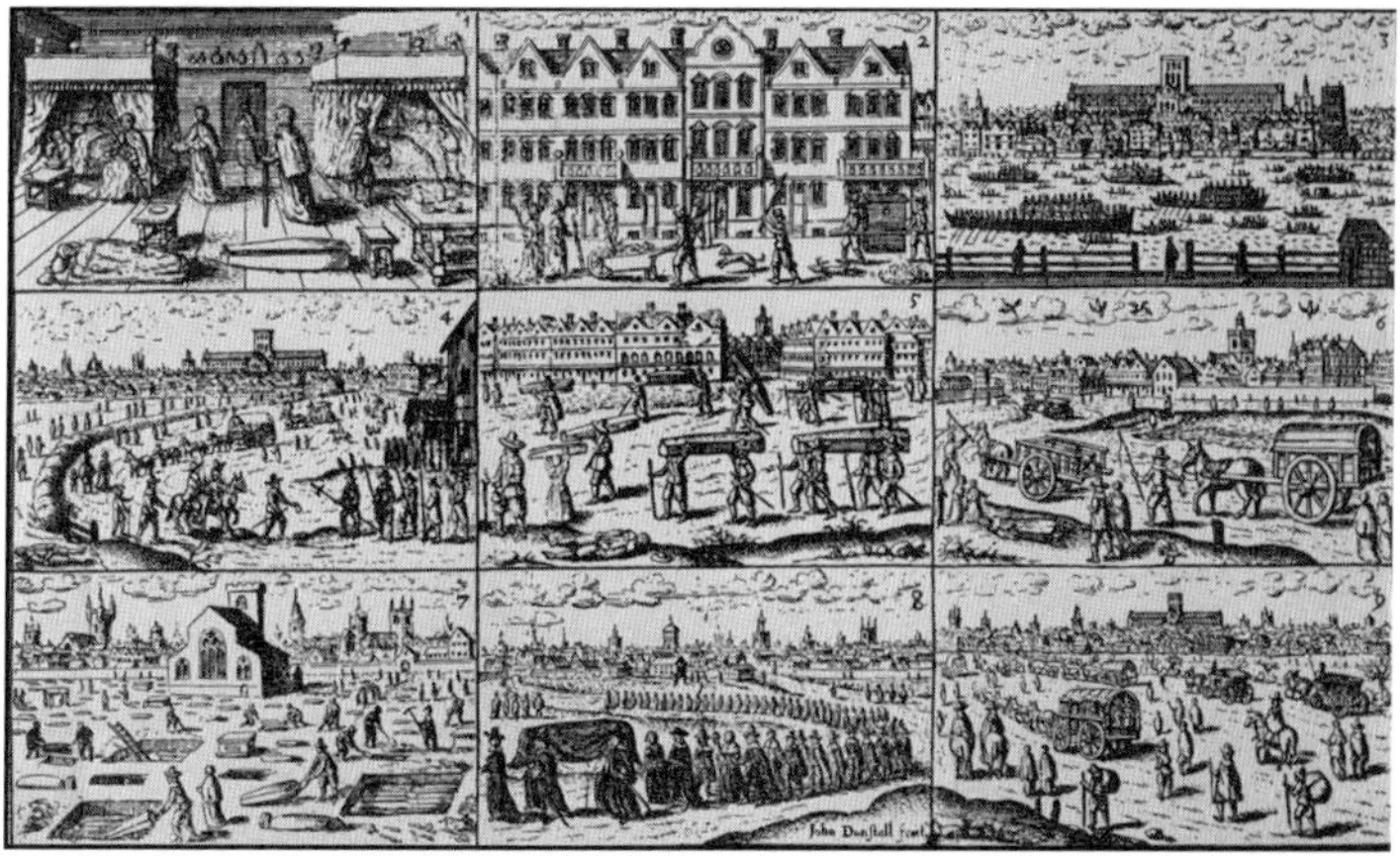

1665年のロンドンの惨状を伝える版画

であることを公言していたアーモンド演じる主人公が慕う人として、若き男性の姿がプロジェクターで投影されていたことを考え合わせると、作品全体がまったく違った様相を帯びてくる。パートナーをエイズで亡くし、自らもＨＩＶ（エイズウイルス）陽性者として生きてきた作者レイヴンヒルが明瞭に意図していたのは、十七世紀のペスト流行に二十世紀のエイズ危機を重ね合わせることであったのだ。

振り返ればエイズは、八〇年代には「ゲイ（男性同性愛者）の疫病」とも呼ばれ、発症者は、当時「不治」とされていた病とともに社会的偏見との闘いをも余儀なくされていた。この感染症の蔓延により愛する人との絆が断ち切られる悲劇はこれまでも多くの「エイズ文学」の題材となってきたが、コロナ禍の時代の現実を目にしたわれわれは、また新たな目でこれらの文学を評価できるであろう。

この劇の最終場面で、ペスト終息の兆しを受けて疎開していた市民が戻り、都市の喧騒がよみがえる様子を、現代のロンドンの雑踏を投影して表すことで二つの時代は重なり合った。そして主人公が「われわれは新しいダンスを覚え、新しい歌を歌うのだ」と口ずさむと、それまで観客席に控えていた人々が突如コーラスとして立ち上がり、共に歌い出す。彼は驚きながらも、その声の輪の中に招き入れられ「孤独」と決別する。人とつながることの喜びがこみ上げる中、最後に彼は高らかに語る、「私は生きている」と。

〔2020・11・18〕

満洲国の中国人作家が描くペスト禍

羽田朝子

一九〇四〜〇五年の日露戦争以降、日本は中国東北部の満洲《まんしゅう》で勢力を拡大した。満洲ではたびたび感染症が流行し、対策をめぐる日中間の文化摩擦や、衛生を基準とする民族差別が顕在化することとなった。

例えば一九一〇年から一一年にかけてのペストの大規模流行では、南満洲鉄道（満鉄）を介して感染が広がった。そのため満鉄によるさまざまな対策が進められたが、そのなかで中国人労働者に対する乗車拒否や、中国人のみを対象とした検診が実施された。日本側が行った対策は、感染拡大の防止という点では有効であったが、民族差別をはらんだものだったのだ。

アジアでいち早く近代化を成し遂げた日本は、近代的な公衆衛生制度を導入し、また教育によって国民への衛生観念の普及を進めていた。それは国内ではもちろん、当時植民地だった台

新京の街並み（大正写真工芸所新京営業部『新京概観』1939より）

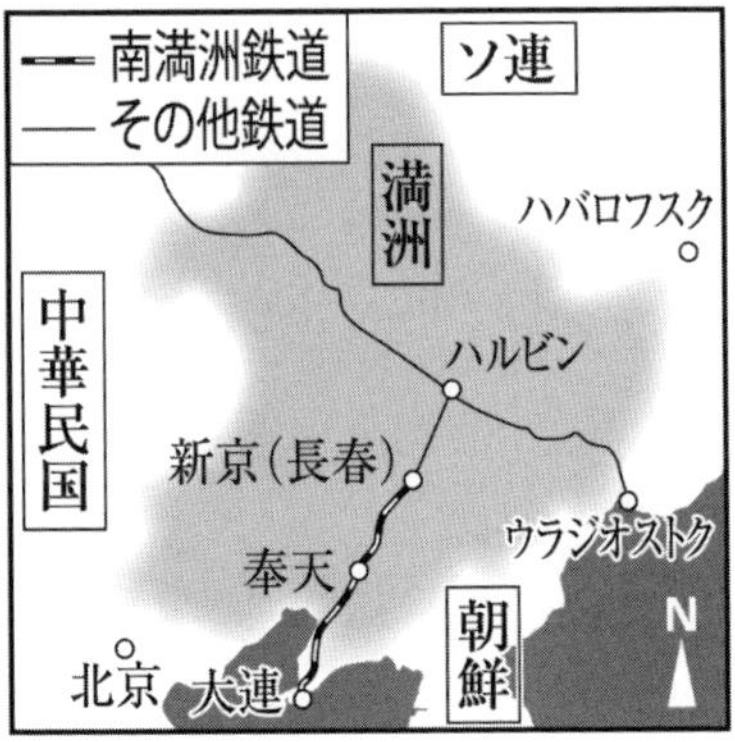

湾・朝鮮のみならず、一九三二年に関東軍の謀略で建国された満洲国でも実施されることになる。

こうした状況を、現地の中国文化人はどのように捉えていたのか。それは、満洲国の中国人作家である古丁《こてい》による小説「新生」（一九四四年）からうかがうことができる。

古丁は一九一四年に吉林省《きつりんしょう》長春《ちょうしゅん》に生まれ、満鉄が経営する長春公学堂や南満中学堂で学んだ後、北京大学で研鑽《けんさん》を積んだ。帰満後は満洲国の官僚となり、同時に満洲国の文化政策に最も協力的な中国人作家として活躍した。

一九四〇年に首都新京（現・長春）でペストが大流行する。古丁は近所に患者が出たため、一家とともに隔離生活を余儀なくされた。そのときの体験をもとにしたのが小説「新生」である。

主人公「私」は隔離病院に収容され、一カ月近く集団生活を過ごすが、そのなかで衛生観念の面での日中間の落差を目の当たりにして愕然とする。そして、科学的知識を持たないがゆえにペストに適切に対応できない中国民衆に対し、啓蒙の必要性を痛感することとなる。

また「私」は病院で日本人の「秋田さん」と親しくなり、隔離生活を終えた後、ともに災難を乗り越えたことを祝って酒を酌み交わす。秋田さんは次のように語る。「今回のペストは民族を問わずあらゆる人間を攻撃した。言い換えれば、我々二つの民族は共同の敵を持っていた。それがペストだ。我々は運命だけでなく、生死をともにしたのだ」と。

日本人を模範として描き、民族協和を謳歌《おうか》した「新生」は、満洲国の文化政策の方針に合致しており、日本側から高く評価された。そして一九四四年に日本文学報国会が中心となって主催した第三回大東亜文学者大会で大東亜文学賞の次賞（二席）を受けている。

隔離病棟の消毒（関東都督府臨時防疫部『明治四十三、四年南満洲「ペスト」流行誌附録寫眞帖』1912より）

しかし、古丁自身の実際の体験はまた違う一面も持っていた。古丁が友人に語ったところによると、隔離病院では中国人には給食として、雑穀のコーリャンが出され、古丁の子供が食べ慣れずに泣きだすと、日本人の看護婦に怒鳴り散らされた。また古丁が隔離されると、それまで彼を取り巻いていた日本文化人は急に冷淡になり、義援金を集めることもしなかったという。
こうした実態は「新生」においても次のように描かれている。
――隔離病院では中国人と日本人の便所が区別され、給食では日本人には白米、中国人にはコーリャンの飯が与えられた。「私」はそれらを静かに受け入れながらも、満洲の中国人がその土地でとれるコーリャンを食べるのは当たり前だが、日本人も満洲で暮らすからには同じ生活をするのが道理ではないか、と密かに疑問を抱く――。

感染症対策のなかで、日本人と中国人との間で明確な境界が引かれ、それが衛生／非衛生の基準であるとみなされた。「私」――古丁も中国の文化人としてではなく、「非衛生」な中国人として差別的に扱われたのである。このことは古丁に大きな衝撃を与え、彼はペスト禍の翌年に突然官職を辞し、書店・出版経営に転身することになった。

現在私たちが直面するコロナ禍においても、感染の恐れが強い国や地域、職業に対する差別や偏見が生まれている。「共同の敵」にどう立ち向かうべきか、世界の歴史や文学に学ぶこともあるはずだ。

〔2020・11・27〕

日本占領期インドネシアのマラリア戦争

ホートン・W・ブラッドリー

一九四二年三月一日未明、日本陸軍第十六軍がジャワ島に上陸した。それまで三百五十年にわたってインドネシアを支配していたオランダ軍は降伏し、第十六軍はわずか数日でジャワ島に軍政を敷くことになる。同時に、住民や駐留日本兵の健康、衛生にも迅速に対応しなくてはいけなかった。

だが日本から派遣された医療関係者は少なく、陸軍病院勤務者か、衛生局長の佐藤正、ジャカルタ保健センター長の松浦光清、ジャカルタ医科大学の板垣政参《まさみつ》学長らが指導的役割を担った。医療現場では中国系住民を含むインドネシア人医師が中核となった。中には長年にわたる研究や臨床経験を持つ者もいた。

日本の熱帯地医療研究は、論文研究のほか、一八九五年以来の植民地台湾で培った熱帯医療経験の蓄積があり、ペストやコレラ、結核、性病といった感染症の知見はあった。しかし、当地特有の熱帯性皮膚病には医療関係者も度肝を抜かれたようで、熱帯地ならではの現実に直面した。風土病とも言えるマラリアは、特に研究が進められた感染症であった。

マラリアは、マラリア原虫を保有する蚊（ハマダラカ）の雌が媒介して人に感染する。キナの木の樹皮成分から特効薬キニーネが開発されると、キナはプランテーションで栽培されるようになった。一九三〇年代には、世界中のキナの九七％がジャワ島で栽培され、微々たる量ではあったが日本植民地下の台湾でも栽培されていた。

太平洋戦争当時、連合軍が「マラリアの罹患《りかん》率三〇％に達する日本軍が、各地でマラリアを蔓延《まんえん》させている」との情報を広めたこともあり、日本軍としてはこれを打ち消すため、迅速に現地調査を行い、医療体制を整えた。

一九四二年十月から日本・インドネシア混成医療団が、地方の衛生調査と医療提供のため、ジャワ島全土を巡回訪問した。十一月には二日間かけて、軍政監部企画課衛生班の日高医師が、スラバヤ市のツンブラカ医師および日本人看護師や政府関係者と共に、東部ジャワのボジョネゴロ州の村落を訪問し、住民一万九千人に赤痢、腸チフス、コレラに効用のある注射をしたという。パダンガン村では住民二百六十人を診察し、マラリア罹患率が五〇％であることを、バウレノ村では百八十人を診察し、罹患率が七〇％であると割り出した。

しかしこの第一回現地調査以降、日本人医師団は地方医療体制や現状の把握を、医療関係者や行政官の報告書に依拠するようになり、公衆衛生教育のような現場に密着した取り組みはインドネシア人医師のみが実施するようになった。日本人医師は医療最前線から撤退したのである。

マラリアは現地の懸念材料でもあり、地方新聞には、ジャワ島中部都市スマランへのマラリア・センター設立やマラリア専門家の採用、蔓延地域へのキニーネ無料配布など、日本軍政の対応が掲載されている。蚊の根絶のため衛生意識の浸透を図り、配給薬の服用を徹底するため、活字媒体や映画による宣伝も行われた。

マラリアの特効薬として供給が追い付かないほど世界中から需要があったキニーネは、生産地ジャワ島でも不足する状況であった。戦中も生産・流通したが、その量は限定的で、キニーネという名をまねた偽物や、軍の肝いりで開発した代替薬もあった。戦時下、マラリアの流行が収まらなかった背景には、キニーネが不足して患者に行き渡らなかったという側面もある。

日本占領期インドネシアにおいて、日本人医師と多くのインドネシア人医療関係者の努力もあり、少なくともジャワ島では、マラリアの蔓延は限定的なものだった。とはいえ結局のところ、マラリアの抑え込みは一九六〇年代にようやく実現した。

それは、敗戦直後の日本で米軍が散布した、あのＤＤＴ（殺虫剤）がジャワ島でも使用されたからだ。日本占領期を経て、オランダとの独立戦争に勝利したインドネシアでも、その後十年かけてようやくマラリア戦争に休止符を打つことができたのである。

〔2020・12・2〕

中国と瘴癘の二千年

内田昌功

古来、中国南部は「瘴癘《しょうれい》の地」と呼ばれてきた。「瘴」は山川の毒気とそれによっておこる熱病のこと、「癘」は流行病《はやりやまい》のことであり、瘴癘とは毒気によって発症する高熱をともなう疫病を意味した。その致死率は高く、中国南部は瘴癘が蔓延する危険な土地と恐れられてきた。

杜甫《とほ》の詩にこんな一節がある。「江南は瘴癘の地、逐客《ちくかく》消息無し」（「李白《りはく》を夢《ゆめ》む」）。江南は長江の南、逐客はここでは罪を得て夜郎《やろう》（現在の貴州省北部）に流される李白を指す。杜甫は李白の夢を見てこの詩を作るのだが、李白が流された先が「瘴癘の地」であり、しかも音信がないことから、悪い予感を禁じ得ないのである。結果的に杜甫の不安は杞憂《きゆう》に終わるのだが、長江の南の地域が死の不安を抱かせる場所であったことを知ることができる。

中国南部でも特に瘴癘の害が大きかったのは、嶺南《れいなん》と呼ばれる現在の広東省、広西チワン族自治区、海南省を中心とする地域と、中国西南部の雲南省及び貴州省である。七世紀の歴史書には「嶺南の諸郡は瘴癘が多く、人々は短命である」と記されている。こうした事情もあり、この地域の行政官には王朝によっては左遷者が充てられたり、あるいは勤務年限に制限を設けるなど特別な配慮がなされた。

瘴癘は南方に軍を進める際にも大きな障害になった。一世紀、当時後漢《ごかん》の治下にあったベトナム北部で反乱が発生すると、後漢は名将馬援《ばえん》を派遣する。馬援は後に老いてなお心身が壮健であることから「矍鑠《かくしゃく》たるかな」と皇帝に感嘆された逸話を持つ人物で、矍鑠の語はこの老将軍に由来する。馬援は二年かけて反乱を鎮圧するが、瘴癘のために兵士の半数が都に帰還することができなかったという。

中国南部への遠征軍が瘴癘に悩まされる事例は、これ以降、近代に至るまで枚挙にいとまがなく、中には全滅に近い被害をこうむることもしばしばあった。瘴癘は南方に向かう兵士にとってもう一つの恐ろしい敵だったのである。

瘴癘の正体はマラリア、とりわけ熱帯熱マラリアと考えられている。マラリアがハマダラカという蚊の一種によって媒介される感染症であることがわかったのは十九世紀末のこと、それまでは中国でもヨーロッパでも悪い空気が原因と考えられていた。

マラリアの治療薬が発見されたのは十七世紀である。南アメリカで解熱剤として用いられていたキナという熱帯性の樹木の樹皮がマラリアに有効であることがわかったのである。十九世紀にはこの樹皮からキニーネが分離され、二十世紀にはそれをもとにクロロキンなどの薬剤が合成される。これによっていったんマラリアの脅威は減退するが、一九五〇年代には特効薬とされたクロロキンに耐性を持つマラリアが現れ、東南アジアで猛威をふるう。この時期、特にそれが大きな問題となったのはベトナム戦争である。

北ベトナムから抗マラリア薬開発の要請を受けた毛沢東は、中国国内での感染問題も念頭に、一九六七年、新薬開発のプロジェクトを立ち上げる。プロジェクトは文化大革命の嵐の中、極秘裏に始動し、二年後には当時三十九歳だった中医研究院の屠呦呦《とゆうゆう》がリーダーに指名される。その中国医薬及び西洋医学に対する知識と、研究能力を買われてのことだった。

彼女が研究の重点を置いたのは自身の専門でもある中国医学であった。まず膨大な量の歴代の医学書に目を通すとともに、民間療法を調査し、各地の中国医学の医師を訪ねては話を聞いた。研究チームは三年をかけて二千以上の生薬を調査し、ついに黄花《おうか》蒿《こう》というヨモギ属の植物にたどりつく。

黄花蒿（青蒿《せいこう》）は四世紀に葛洪《かっこう》によって著された応急医療の書『肘後備急方《ちゅうごびきゅうほう》』をはじめ、いくつかの医書にマラリアの治療薬として記載のある生薬であった。この黄花蒿から抽出された成分は、マラリア原虫に対する抑制率が一〇〇％に達し、これを基礎に画期的な抗マラリア薬アルテミシニンが開発された。

この新薬は、当時少なくとも年間百万人が死亡していたマラリアに対して驚異的な効果を発揮し、現在でも最も効果的な薬剤として世界中で使用されている。屠呦呦はこの業績によって二〇一五年、ノーベル生理学・医学賞を受賞している。

現在、中国南部ではアルテミシニンの効果や種々の対策によってマラリアの感染はほぼなくなっている。しかし世界に目を転じれば、アフリカを中心に年間二億人もの人がマラリアに罹患し、四十万人以上が死亡している（WHO調べ）。また一部でアルテミシニンに耐性を持つ原虫が確認されており、懸念されるところである。マラリアとの攻防は今もなお続いている。

〔2020・12・9〕

感染症対策にみる権力のカタチ

小倉拓也

二十世紀のフランスの哲学者ミシェル・フーコーは、社会学や教育学などの他分野においても参照される汎用《はんよう》性の高い「権力」の理論で知られる。フーコーは若くしてエイズでこの世を去っているが、その権力の理論は、感染症とその対策の歴史を読み解くことから構築されたものである。

フーコーによれば、権力は大きく二つに類型化される。ひとつが、特定の人間を排除する権力、もうひとつが、反対に、人々を包み込む権力である。前者は、都合の悪い存在を問答無用で処罰するような典型的な強権を、後者は、私たちの生に配慮し、より良く生きさせ、進んで飼い馴らされるよう仕向ける柔軟な権力を指している。一方は、独裁者の決定や軍・警察の実力行使のようなものを、他方は、学校教育や健康診断のようなものを思い浮かべればいいだろう。この二つの権力は、さまざまなかたちを取りながら、私たちの日常において機能している。

先述のとおり、フーコーはこの二つの権力のモデルを、歴史上の感染症対策に見いだしている。排除する権力のモデルとなるのが、中世におけるハンセン病対策である。当時のハンセン病対策は、感染者と非感染者のあいだに明確な線引きをし、前者を社会の外側に排除することによって、後者が生きる内側を清浄に保つというものだった。

混じり合うことのない外側／内側の区別を設定し、そこにさまざまな事象を二項対立的に配分すること。権力は、病気／健康だけでなく、非行／善行、有罪／無罪、異常／正常、等々を一様に分割し、一方の排除をもって他方を生み出し保障しようとするのである。

しかし、中世末期から十七世紀にかけて、今度はペスト対策とともに、包み込む権力が台頭する。十七世紀末の陸軍規則によれば、ペストに襲われた都市では、住民は、一方ではステイホームを義務づけられ、これに違反すれば厳罰に処される。しかし他方で、必要な食料は、パン、肉、魚、野菜、そして葡萄《ぶどう》酒に至るまでが各家に供給される。住民は世話人により毎日欠かさず生存確認と健康観察を受け、その記録は逐一集約され、当局により把握される。

ミシェル・フーコー（1926-1984）

ここで生じているのは、住民の生をその細部に至るまで可視化し、恒常的にケアする実践である。権力は、もはや外側へ排除する必要がなくなるよう、予防的に内側へ向かい、そこに浸透し、遍在するようになる。

これら二つの権力は大きく異なりながら、いずれも個々の人間を対象とし、その生死に対処するものである。しかしフーコーによれば、十八世紀以降の天然痘対策に、さらなる権力、第三の権力が姿を現すのが見いだされるという。

種痘を擁する天然痘対策において重要なのは、もはや個々の人間の生死でも、その細やかなケアでもなく、感染率、重症率、死亡率などの統計的に把握される数値であり、それらを許容可能な範囲内に「調整」することである。この調整する権力は、数値が許容可能な範囲に収まるうちは、人々を自由に行動させ、感染するにまかせるし、死ぬにまかせさえする。

そうすることの方が、個々の人間の生死に対処することよりも、はるかにコストパフォーマンスがいいのである。もはや外側もなければ内側もない。あるのはただ、だらだらと連続する数値の上下とその調整だけである。いま私たちが毎日目にしている事態ではないだろうか。

感染症とその対策は、新たな権力のあり方を描き出し、感染症にかぎらない社会的問題（犯罪、教育等々）が、それをひとつのモデルとして対処されるようになる。現在のコロナ禍においては、排除、包み込み、調整が、さまざまな仕方で動員されているのを見て取れるが、しかしそこからは、これらのいずれにも還元されない、新たな権力のあり方が姿を現し、定着することになるだろう。それが歴史の教えるところである。

「ウィズコロナ」。これは、単なる感染症対策のスローガンではなく、来るべき権力に冠される名称なのかもしれない。

〔2020・12・16〕

第二部　旅と移動

二〇二一年七月、賛否沸騰の中、東京オリンピックが開幕した。日本はグローバルな移動再開の結節点となった。人は古来よりどこを目指して、何に乗って移動し、作家はこれをいかに描いたか。旅は言語や芸術とともに自他の人生に何を残したのか。この年の十月以降、日本ではコロナ感染者が激減した。一時ではあったが終息への希望が見え隠れしていた。

日本の文学と映画に描かれた人力車

山﨑義光

文明開化の呼び声とともに近代化した明治期、蒸気船や鉄道で国内外が結ばれ、人や物が速く遠くへ大量に移動できるようになり始めた。その一方、多くの人が集まる都会を移動する乗り物も現れた。

「大都会とて四方より、入《はい》りこむ人もさまざまなる、中にも別《わけ》て数多きは、人力車夫と学生なり」。坪内逍遙《つぼうちしょうよう》『当世書生気質《とうせいしょせいかたぎ》』（一八八五年）の一節である。人力車は幕末に用いられ始め、一八六九（明治二）年に考案されたものが、乗合馬車とともに、徒歩より速く便利な乗り物として急速に各地へ普及した。一八七五年には全国で十一万台と急増。日清戦争後の一八九六年には二十一万台に達してピークを迎える。しかし、鉄道や路面電車の整備が進み、タクシーやバスなどの自動車も普及したことで、馬車とともに衰退し、一九三八（昭和十三）年には一万三千台余になったという（齊藤俊彦『くるまたちの社会史』中公新書）。

人力車は文学の中でも描かれた。樋口一葉「十三夜《じゅうさんや》」（一八九五年）はその一つである。東京の下町に住む貧しい士族の娘お関は、高級官吏に嫁いだものの、夫の仕打ちに我慢できず離縁覚悟で実家へ戻る。だが諭されて、帰りに乗った人力車の車夫が幼なじみの録之助だと気づく。かつてお関は彼との結婚を淡く夢みていた。しかし、お関が今の夫と結婚した後、録之助は放蕩《ほうとう》で身を落としていた。

日清戦争前後のルポ、横山源之助『日本の下層社会』などに記録されたように、車夫には身分の高い者のお抱えもいたが、生活に窮した人たちが多く従事した。泉鏡花「夜行巡査」（一八九四年）には、股引《ももひき》も履けず裸同然の老車夫が巡査に叱責された挿話が描かれた。

轅《かじ》を上げた俥《くるま》は、
方向を晦《くら》ます為《た》めに
一つ所をくるくると二三度
廻って走り出したが、
右へ曲り、左へ折れ、
どうかすると
Labyrinthの中を
うろついて居るようであった。
谷崎潤一郎「秘密」より

他方、谷崎潤一郎「秘密」（一九一一年）は、人力車での移動が都会を迷宮（Labyrinth《ラビリンス》）のように感じさせることを描いた。人力車はアジア各地にも普及した。芥川龍之介は「上海游記」（一九二五年）に、街にあふれる黄包車《ワンポーツ》（人力車）への乗車勧誘を断る「不要《プヤオ》」という言葉が、最初に使った中国語だったと記した。その後、横光利一は小説『上海』に、国際都市の街中を黄包車で移動する人物たちを描いた。これらの作品では乗客に焦点があてられ、車夫は脇役だった。

二十世紀前半は大衆化が促進した時代で、知識人・都市中間層のみならず、労働者など幅広い社会層が様々な作品において描かれるようになった。そして日本映画の傑作が生まれた。「無法松の一生」（一九四三年）である。原作は火野葦平《あしへい》と文学仲間だった岩下俊作の「富島松五郎伝」。主人公の松五郎は学がなく乱暴者の不器用な人力車夫で、バンツマこと阪東妻三郎《ばんどうつまさぶろう》が演じた。舞台は鉱山と工業で栄えた北九州の中心地で軍都だった小倉《こくら》である。日清戦後から第一次世界大戦が終わる頃までを背景とする。

松五郎はケガをした少年を助けたことがきっかけで、その軍人一家と親しくなり、家へ出入りするようになる。だが、軍人は急逝し、松五郎は未亡人と坊っちゃんを何くれとなく支えた。印象的なのは大写しされた回転する車輪で、松五郎の躍動感を象徴する。小倉祇園太鼓の祭りで巧みに太鼓を叩くクライマックスは圧巻である。未亡人への愛情を秘めて死ぬ間際、松五郎が人生を回想したラストは多重露光の幻想的な映像で表現した。その後くり返しリメイクされ、山田洋次監督の諸作品など戦後映画に影響を与えた。

明治から大正期の格差が大きい時代、人力車を介して異なる社会層の人と人とが近づけられ、また引き離される切ない生の悲哀が、時代の変化とともに乗客から車夫へ焦点を移しながら描かれた。

〔2021・7・9〕

ジャマイカからの移民と現代英国演劇

大西洋一

英国の演劇界は、ロックダウン（都市封鎖）で観劇を楽しめなくなった人々にオンライン配信で演劇を届けた。英国を代表するナショナルシアターが提供した数々の名作の中で、ひときわ私の心に残ったのが「小さな島（Small Island）」（二〇一九年初演）である。

アンドレア・レヴィの同名小説（二〇〇四年）を原作としたこの劇の主人公は、第二次世界大戦後の英国に植民地ジャマイカからやってきたホーテンスと彼女の夫となるギルバートの黒人移民夫婦。二人の希望に満ちた旅の行き着く先は、リンカンシャー（イングランド東部）の養豚農家から上京したクイーニーが、さえない夫バーナードの出征後にロンドンで開いた下宿屋。「英領」ジャマイカと「本国」英国を舞台に、二組の人生が交錯しながら繰り広げられる人間模様である。原作小説（未邦訳）は英国でベストセラーとなり、BBCでテレビ映画化（日本版D

原作の初版書影

VDの題名は『スモールアイランド』）されている。

教育の場でも長らく読み継がれているこの物語が二〇一九年に上演されたのは、きわめて時宜にかなったことであった。というのも前年の一八年、第二次大戦後にジャマイカなどカリブ海の英領地域から「本国」に移住した人々の在住資格をめぐる「ウィンドラッシュ・スキャンダル」が英国を大きく揺り動かしていたからである。

「ウィンドラッシュ」とは、一九四八年に西インド諸島からの移民たちが乗ってきた船「エンパイア・ウィンドラッシュ号」のこと。原作者レヴィの父も乗船者の一人であった。戦後の労働力不足を補うため、求めに応じて英国に移民としてやってきた人々とその子供たちは、この船にちなんで「ウィンドラッシュ世代」と呼ばれた。

しかし、その中には、親に連れられて旅券や査証などがないまま入国した子供も多かった。彼らは一九七一年制定の移民法で、英国在住の英連邦加盟国民として永住権を与えられていたのだが、二〇一二年の移民法改正により、たとえ英国育ちであったとしても十分な証明書類がなければ国外退去処分もあり得ることが判明した。それまでの彼らの英国での実際の生活を一顧だにしない、政府の人種差別的で非人道的な対応が大きな政治問題となる中、ジャマイカからの移民がどのような思いを抱いて本国に渡り、それを英国の人々がどのように受け止めたのかを赤裸々に描いた「小さな島」が、ナショナルシアターで上演されたのだ。

英国で教師となり豊かな生活を送ることを夢見ていたホーテンスと、一足先にウィンドラッシュ号で渡っていたギルバートの住まいは一間限りの安下宿。二人とも思い通りの仕事には就けず、配達仕事で糊口《ここう》をしのぐギルバートは職場で「いつジャングルに帰るんだ」と罵《ののし》られる。近隣住民は、黒人の間借り人がいると町の風紀が乱れて治安が悪化するとばかりに、移民を追い出せと家主クイーニーに迫る。クイーニーには、ホーテンスの幼なじみでジャマイカ出身の空軍兵マイケルに心と体を許した過去があり、理不尽な非難には耳を貸さずホーテンスらを守る。だが戦地から戻った夫バーナードは、黒人を下宿させていることを知り激怒する。

「なぜ母なる国はわが子を知らないのか」とは、ギルバートが「母国」である英国で遭遇する無知と無理解と不寛容を指して語る言葉である。ジャマイカの人々は、独特の抑揚と訛《なま》りのある英語で「ヒングランド」と呼ぶ遠くの母なる国に関する知識を貪欲に学び、夢を馳《は》せる。だが「イングランド」の側ではジャマイカがどこにあるのか、英語を話せるのかどうかも知らず、知ろうともせずに彼らを拒絶する。

ホーテンスとギルバートは、自分たちを待ち構えていた冷酷な現実の「英国」に直面しながら、時に怒りのうちに耐え忍び、時にユーモアで乗り越え、時に誇りを持って戦いながら「新天地」での生活を切り開いていく。それは戦後から現在にまで続く長い差別と苦難の歴史の始まりにすぎない。だが、二人がこの劇のクライマックスで腕にかき抱く、クイーニーがあのジャマイカ人兵士マイケルとの間に産んだ赤ん坊の姿は、次世代における和解と融和の兆しと祈りとなって物語を締めくくる。

ホーテンスとギルバートの波乱に満ちた旅のように、すべての旅は必ずしも期待通りの目的地に連れて行ってくれるとは限らない。しかし、必ずや新しい世界を垣間見せてくれるからこそ、われわれは旅をするのだろう。

〔2021・7・16〕

自転車とフランス映画の百年物語

辻野稔哉

スクリーン投影式の世界最初の映画と言われるリュミエール兄弟の『工場の出口』（一八九五年）にはいくつかのヴァージョンが存在している。そのいずれにも現れる乗り物が自転車である。工場から出て来る従業員たちの数人が、自転車に乗って画面の外へ走り去る。映画においてスクリーンに最初に写った乗り物がまさに自転車であった。

もちろん、自転車の原型はもっと古くから存在していたが、十九世紀も末になってようやくゴム製タイヤが実用化され、一般に普及するとともに、自転車ロードレースがブームとなる。フランス菓子に名を残す「パリ＝ブレスト」間のレースが始まったのは一八九一年。リュミエール兄弟も、一八九六年にはリヨン＝ジュネーブ間レースのスタート風景を映画に記録している。つまり、映画と自転車ロードレースは、ほぼ同時期に誕生したと言ってもよい。

世紀が変わって一九〇三年にスポーツ新聞のロト紙（現・レキップ紙）が開催したツール・ド・フランスは、やがて世界最大の自転車レースとなる。今や夏のヴァカンスシーズンの風物詩であり、毎年ルートを変えつつフランス各地を巡るレースは、自転車による三週間の、まさに「旅」

映画『のんき大将』より
（写真提供：Ronald Grant Archive／Mary Evans／共同通信イメージズ）

と言えるだろう。

映画の誕生以来、今日に至るまで、自転車は数知れぬ作品の被写体となるが、フランス映画で言えば、やはりジャック・タチの『のんき大将（原題はJour de fête「祭りの日」）』（一九四九年）を忘れるわけにはいかない。移動遊園のトレーラーが時代から取り残されたような田舎の村に到着し、ユーモラスな祭りの一日が始まる。第二次大戦後の映画であるにもかかわらず、サイレントのスラップスティック映画の雰囲気をたたえるタチならではの佳品である。

主人公の郵便配達人フランソワは、クラシックな自転車に乗って颯爽と登場するが、何かと剽軽な男で、皆にからかわれている。映画の中盤、彼は祭りのアトラクションの「映画」を見て驚く。その映画内映画は、なぜかアメリカの郵便配達人たちについての紹介映画で、眉唾物ながら、ヘリコプターやオートバイを駆使して大量に迅速に郵便物を届ける彼らは英雄的でさえあった。ショックを受けたフランソワは、ひたすら素早く自転車を走らせることで対抗しようとする。終盤はドンキホーテ的とも形容される彼の疾走劇が展開される。そこには終戦直後のフランス社会が抱えていたアメリカへのコンプレックスとともに、ヘリやバイクという先進テクノ

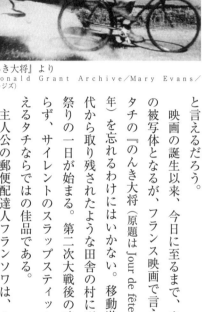

ロジーと突然対比されることになった人力駆動のこの乗り物への親愛の情が示されている。

この映画、実は黒白とカラー二種類のフィルムで撮影されていたが、カラー版は技術的な問題からお蔵入りとなっていた。後年修復が施され、現在では当時の監督の意図をくんでカラー版（『新のんき大将』）が主に流通している。その公開は一九九五年、すなわち映画生誕百年の年であった。もとより、自転車をめぐる映画が、再び映画史の節目を飾ったのは偶然ではない。

そしてまた新たな世紀に入り、タチを敬愛するシルヴァン・ショメが、自転車と映画の交錯を見事に表現したアニメーション作品が『ベルヴィル・ランデブー』（二〇〇三年）である。極端にデフォルメされた画風が特徴で、やはり戦後のフランスと架空の都市ベルヴィルを舞台としている。自転車レースに憧れつつ祖母と暮らす一人の少年が、やがてツール・ド・フランスへの出場を果たすが、物語は思わぬ方向へと展開していく。

自転車と映画とテレビ、そしてスクリーン投影式の映像の、時間と空間を越えた驚くべき並走ぶりに魅せられる映画である。この二十一世紀に、こうした思いもよらぬ映画が作られたことを考える時、フランスにおける「自転車」と「映画」の、まだまだ続く長い旅を想わずにはいられない。

〔2021・7・23〕

韓国・済州島出身者たちの生活史

髙村竜平

韓国・済州島《さいしゅうとう》は朝鮮半島最大にして最南端に位置する島である。観光地として、またドラマや映画の撮影地として日本でも頻繁に紹介されるので、ご存じの方も多いだろう。その一方で、たとえば作家の梁石日《ヤンソギル》が『血と骨』や『夜を賭けて』などの自伝的な作品で描いたように、済州島民は戦前から日本への渡航を続け、各地に定着してきた。島の自然は芸術的であるが、農地としては必ずしも生産性の高い土地ではなかった。現在では韓国内でも有数の商品作物生産地帯となっているが、それは一九七〇年代以降の経済発展の後であり、それ以前は出稼ぎが盛んであった。

筆者はこのような移住の過程を何人かにインタビューした経験があるが、そこで印象的だったのは、済州島内の親類縁者や近隣の住民同士の関係の延長上に、大都市での生活があることだった。一九二〇年代以降、大阪や東京などに済州島民の集住地域が形成されるが、農作業や冠婚葬祭を協力して行っていたネットワークが移住先での住居や職探しに機能したのである。

生活の場を求める済州島民の移動はさらに続く。一九二八年生まれのある男性は、終戦直後か

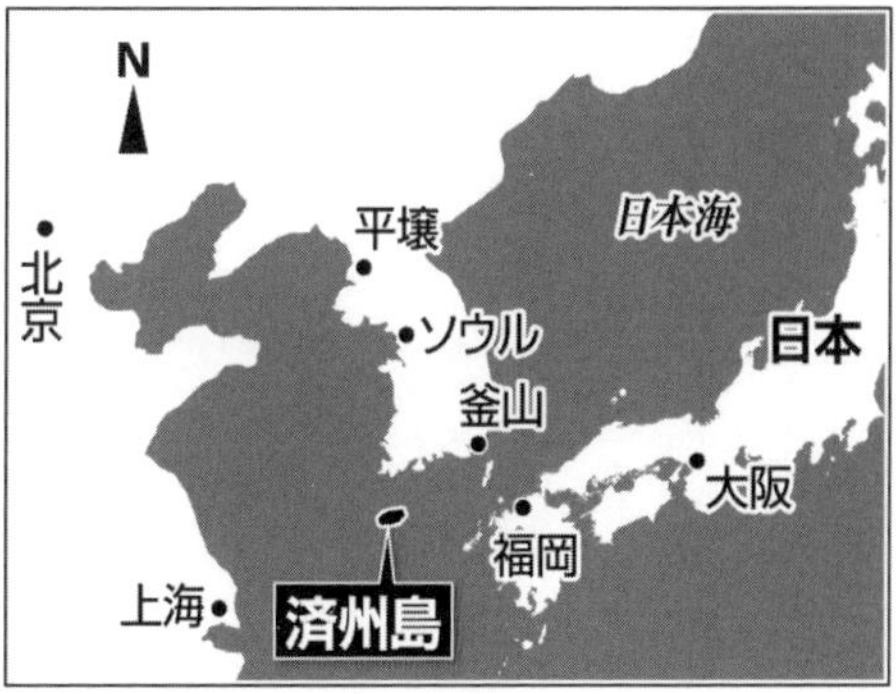

ら四七年ごろまで、ひんぱんに大阪と秋田を往復したという。当時の大阪ではゴム工業に従事する済州島出身者が多く、そこで仕入れた長靴や運動靴などを秋田に運び、コメを購入して大阪に持ち帰っていたのである。また五〇年前後には宮城県の鳴《なる》子《こ》温泉付近で焼酎販売と製造に携わっていた。生活のためには手段を選ばず働くのは、当時の人々はみな同じであっただろう。彼は最終的に釧路まで移住した末、大阪に戻りプラスチック加工に携わるようになる（藤永壮ほか「解放直後・在日済州島出身者の生活史調査（7）玄琔玟さんへのインタビュー記録」上・下『大阪産業大学論集　人文・社会科学編』6、7号、二〇〇九より）。

一九六〇～七〇年代の済州島は経済的に貧しく財政も不十分であったため、学校、道路や電線などの小規模なインフラ整備に、日本の済州島出身者からも故郷に多くの寄付がなされた。それは現金であったりピアノなどの資材であったり、あるいは所有する土地の提供という形をとることもあった。村々の小学校や公民館の入り口などには必ずといっていいほど、そのような寄付行為の事績を刻んだ石碑が並んでいる。

その中には、朝鮮総連に関わる人々の名前も含まれる。戦後の南北対立を背景とした在日本大韓民国民団（民団）と在日本朝鮮人総連合会（総連）の対立の中でも、親族や同郷人のネットワー

村の集会所前に並ぶ寄付者の記念碑。右端の碑に「在日僑胞」、右から三番目の碑には「在日青年」という文字が刻まれている。（済州特別自治道済州市で 2019 年 9 月筆者撮影）

クを通じた故郷との交流を維持した人もいたのである。

ある済州島出身女性は一家で総連の活動をしており、経営する食堂は総連の活動家のたまり場だったという。その一方で、民団で活動し故郷の親族との交流を維持する一族の男性とも連絡を取り続けていた。その女性の日本生まれの息子の一人は、二〇〇一年に初めて済州島を訪問した際に出迎えた親族からまず第一声で「お前たちアカのせいでうちの子供が苦労したんだ！」と言われたという。しかし彼は親族たちに受け入れられ、その後も何回も故郷訪問を続けていた。彼の母のように、総連と民団の対立を超えて一族のつながりを維持する人々がいたからであった（藤永壮ほか「同調査（16）金慶海さんへのインタビュー記録」上・下『大阪産業大学論集　人文・社会科学編』15、16号、二〇一五、一六より）。

島のうちそと、朝鮮と日本、思想の対立……さまざまな境界を乗り越える努力を、済州島民は行ってきた。その行動原理は、生活の場を求めて越境することを恐れないというものであった。

もちろん、そこには数多くの挫折や失敗があっただろうが、全てを知ることはできない。人生を語ることができるのは、生き残った人々だけだからだ。

ここに挙げた二人の人生も、決して済州島出身者の典型というわけではなく、むしろ同じ時代の同じ地域の人でも、多様な人生を歩んできていることを示している。それは、一人ひとりが自分の人生を切り拓いてきたからだ。その経験は、これからの私たちの生き方を考える道しるべにもなるはずである。済州島民に限らず、特別な人生を生きたわけではない市井の人々の越境する生活史を知る意義は、そこにある。

〔2021・7・30〕

「ロード・ムービー」が描く米国の姿

中尾信一

「ロード・ムービー（road movie）」とは、文字通り「道」を舞台として旅や移動中のエピソードを語る映画ジャンルである。そこでは目的地にたどり着くことよりも、旅の途中の出来事によって生じる登場人物の内面的変化が重要視される場合が多い。地平線に向かって伸びる一本道を車、バイク、または徒歩で進んでいくという図像は「ロード・ムービー」の典型的な慣習だが、アメリカ合衆国の広大で開けた大地はそんなイメージにふさわしい。したがってこのジャンルは、アメリカ映画史の初期から重要な役割を果たし、豊富な物語の題材を提供し続けてきた。

そもそも映画とは「移動＝運動」を視覚的に記録する媒体である。路上の旅がもたらす経験と意味を伝えるには最適の表現手段だ。つまり「ロード」と「ムービー」の間には相棒のような親密性がある。さらに十九世紀末に映画というメディアを生み出したテクノロジーの進歩は、同時期にその動力を蒸気機関からガソリンエンジンへと改良した自動車という乗物を普及させた。そして自動車は、多くの「ロード・ムービー」において必要不可欠な移動手段として登場する。つまり十九世紀的な技術革新による別個の発明であった「映画」と「自動車」は、その始まりから蜜月関係にあったのだ。

第二次世界大戦後のアメリカ映画史における「ロード・ムービー」の変遷を速足で見ておこう。戦前から続いてきた古典的なハリウッド的映画製作形態の崩壊後、「アメリカン・ニューシネマ」と呼ばれる新しい映画作りが模索される。その代表作であり「ロード・ムービー」の古典でもある『イージー・ライダー』（一九六九年）では、バイクに乗った男ふたりの放浪の旅がつづられる。バイクで疾走する道は、彼らにとって体制からの解放と自由の象徴でもある。彼らの新奇な生き方を嫌悪する者によって主人公が射殺され、乗り手を失ったバイクが道を外れて炎上するという激烈なラストシーンは、この時代の雰囲気をよく映し出している。

一九九一年公開の『テルマ&ルイーズ』は、平凡な主婦テルマとウェイトレスのルイーズが週末のドライブ旅行に出かけ、その途中テルマがバーで出会った男に性的暴行を受けそうになると、ルイーズは銃でその男を射殺するという話。犯罪者となった二人がその後絶望的な逃避行を続けるのもまた「ロード・ムービー」のパターンだが、その旅が暗い影を帯びながらもある種の爽快感を感じさせるのは、二人がそこから逃走し抵抗しているのは、彼女らを抑圧する男性中心主義的

映画『イージー・ライダー』
（写真提供：AF Archive／Mary Evans Picture Library／共同通信イメージズ）

な社会構造そのものだからだ。フェミニズムの文脈で評価されるこの映画の結末は、追い詰められた二人の乗った車がグランド・キャニオンの崖を飛び越えて永遠に疾走し続けるという幻想的なものだが、それは後に続く女性たちのために誰も走ったことのない道を作るということの暗示でもある。

二〇二一年の米アカデミー賞作品賞を受賞した『ノマドランド』は「ロード・ムービー」の系譜を受け継ぐ最新の映画である。この物語では、経済不況で家も職も失った高齢女性がキャンピングカーを住居とし、短期の季節労働によって収入を得ながら合衆国各地を移動する。資本主義のシステムから取り残された人々が置かれている「格差社会」を批判しつつ、永続的経済発展の幻想から抜け出そうとする「脱成長」型の生き方が肯定的に示される。仲間たちと助け合いながらも、個人の自由な意志は尊重される「ユートピア」的なライフスタイルが、アメリカ西部の広大な平地を染める美しい朝焼けや夕暮れのシーンと共に描かれる。

それはかつて「西部劇」という極めてアメリカ的なジャンル映画でよく見た風景を想起させる。「ロード・ムービー」は、そのような「西部劇」との連想によっても、アメリカ的特性とつながっている。

〔2021・8・6〕

西行の旅、芭蕉の旅

志立正知

旅人と我名《わがな》よばれん初しぐれ

貞享四（一六八七）年十月、四十四歳の芭蕉は東海道を伊勢に向かって旅に出た。死後に『笈《おい》の小文《こぶみ》』としてまとめられた旅の出立にあたって、芭蕉は右の句を残している。

芭蕉が、三十四歳で得た俳諧宗匠の地位を捨て、新たな句境を求めて庵に隠棲《いんせい》したのが三十七歳。模索の中で芭蕉がたどり着いたのが、「旅」という修行だった。

芭蕉が最初の旅、『野ざらし紀行』に出立したのは、四十一歳を迎えた貞享元（一六八四）年八月。伊勢・伊賀・大和・吉野・山城・美濃・尾張・木曽・甲斐を回る、八カ月に及ぶ大旅行だった。旅立ちにあたって、芭蕉は新たな句境獲得のためには、たとえ行き倒れになってもという覚悟を示した、有名な一句を残している。

野ざらしを心に風のしむ身哉

以後、四十六歳の時の『おくのほそ道』の旅まで、六年の間、彼は「旅」に身を置き、多くの紀行文を残しながら、蕉風と呼ばれる作風を確立していく。

風流の精神を求めての芭蕉の「旅」には偉大な先達がいた。平安末期の歌僧西行《さいぎょう》だ。文武に秀で、鳥羽院に下《げ》北面《ほくめん》の武士として近侍し、将来を嘱望されていた西行（俗名佐藤義清）が、突然世俗を捨てて出家したのは、保延六（一一四〇）年、二十三歳の時だった。仏道修行に身を置いた彼が陸奥《みちのく》へと旅だったのは、二十六歳の頃かと言われている（諸説あって正確なところはわかっていない）。当時の歌人たちが憧れを持って注目していた陸奥《むつ》国の歌枕を、自らの目で確かめることが目的のひとつであったと言われている。

みちのくのおくゆかしくぞ思ほゆる
壺の碑外の浜風

「壺《つぼ》の碑《いしぶみ》」「外《そと》ヶ浜」は、ともに陸奥の最果てにあると想像された歌枕だ。いつかそこを訪ねてみたいという、西行の強い憧れがうかがえる。面白いのは、西行がこうした「旅」を「修行」と呼んでいることだ。『山家集《さんかしゅう》』に収められた陸奥への旅の連作の詞書《ことばがき》は「陸奥国へ修行してまかりけるに」と書き出されている。

に」「四国の方《かた》へ修行しけるに」「西の国の方へ修行してまかり侍《はべ》りけるに」。「修行」とは本来「仏の教えしたがって身心を浄化し、悟りをめざすこと」、そこから転じて「托鉢《たくはつ》・勧進《かんじん》をして諸国を歩くこと。行脚《あんぎゃ》」も意味するようになる。西行にとって、数寄《すき》の心（風流心）に導かれて歌枕を訪ね、旅を重ねることが、自らの精神を磨き澄み渡らせる仏道修行でもあった。

西行が平泉に到着したのは、旧暦の十月十二日。雪が烈《はげ》しく降る中、西行はまっすぐに衣川《ころもがわ》へと向かっている。凍てついた川岸で彼の目に映ったのは、奥州藤原氏の館群に重なる、前九年合戦で安倍貞任《さだとう》が籠《こも》った衣川の柵の幻影だった。「河の岸に着きて、衣河の城しまはしたる、ことがら様変りて、ものを見る心地しけり」

とりわきて心も凍みて冴えぞ渡る
　衣河見にきたるけふしも

『おくのほそ道』では、かつての西行と同じように、旅を「修行」とする意識が強く働いているようだ。道中でしばしば道に踏み迷い、悪路に難渋する旅の様子が語られる。実際には、江戸時代には街道は整備され、徒歩を基準としながらも、道幅はおおむね五〜七メートル、都市に近いところでは一〇メートルに及ぶ場合もあって、人の往来も盛んであった。宿駅には、幕府の公用を支える人足・伝馬《てんま》が多数用意されていた。『おくのほそ道』の描写は、実態とは異なる場合が少なくない。

おそらく芭蕉は、近世の街道を歩きながら、中世の西行の目に映った情景を重ね、「修行」としての旅を実現しようとしたのだろう。『おくのほそ道』には、そのような芭蕉の思いが込められている。

〔2021・8・13〕

追放、ホームレス、コスモポリタン

小倉拓也

「コスモポリタン」という言葉がある。国や地域にとらわれることなく、世界的視野で活動するひとを指す言葉で、しばしば「世界市民」や「地球市民」などと訳される。グローバル化が進展し、ひとやものの移動が活発になるとともに、環境問題など、国境を越える課題に誰もが当たり前に直面せざるをえなくなったいま、この言葉は特別なものではなくなり、むしろ時代遅れなものになりつつある。

しかし、この言葉の由来は、案外知られていないかもしれない。諸説はあるが、コスモポリタンという言葉は、古代の哲学者であるディオゲネスに帰《き》される。ディオゲネスは、現在のトルコ北部に当たる黒海沿岸の都市国家シノペで、父と両替商をしていたが、貨幣改鋳《かいちゅう》の罪で追放された。社会で流通する価値の基準を変えたという象徴的な行為によって、ディオゲネスは故国を追われ、文字どおりのホームレスとなったのである。

ディオゲネスは、たどり着いたギリシアのアテナイでもホームレス生活を続けた。彼は、みずからを「祖国を奪われ、国もなく、家もない者。日々の糧をもの乞いして、さすらい歩く人間」

ジャン・レオン・ジェローム画《ディオゲネス》

と表現している。彼は、寝床を求めず、暗闇を恐れず生きるネズミに、みずからの過酷な状況を生き抜く手立てを見いだし、神殿に置かれていた酒樽《さかだる》に寝泊まりしたという。アテナイ市民は、そんな彼を「犬」と呼んだ。

ある日、ディオゲネスは「どこの国の人か」と問われた。故国を追放され、ホームレス生活を送る彼には、答えるべき国も所属もない。そんなディオゲネスから発せられた言葉が、ギリシア語の「コスモポリテース」、つまり「コスモス（世界）の民」である。故国を追放されたこと、ホームレスであることが、コスモスの民であることに反転するのである。私たちが知るコスモポリタンという言葉は、遠くこれに由来する。

ディオゲネスは、旅と移動の哲学者であり、コスモポリタンの哲学者である。しかし、その旅と移動は、強いられたものであり、罪責と失意のなかはじまった。ディオゲネスはみずからの運命を恨むことなく、コスモポリタンであることへと反転させることができたが、二十一世紀を生きる私たちは、それを私たちの時代の、私たちの世界で捉えなおし、コスモポリタンという言葉の意味を再考してみるべきだろう。

世界ではいま、数えきれないほど多くの人々が、「旅と移動」を強いられている。先の東京オリンピックでは、日本でも、いわれなき罪の可能性によって故国に帰れなくなったスポーツ選手がひとりならず出て、注目された。それと同時期に、国連決議による五輪休戦が呼びかけられているなか、故国を追われて生きる難民たちが、一方的に「テロリスト」として扱われ、その居住区が爆撃された。

こうした「旅と移動」は、いまにはじまったことではない。コロナ禍によって減じてなどいない。そのことは、まさに当のコロナ禍のもと、仕事を失い、ホームレスとなったひとが、数多く炊き出しに並んでいる現実によっても明らかだろう。コスモポリタンを再考することで、私たちがコロナ禍でその不自由を嘆いている、旅と移動をめぐる想像力が問われるのである。

コスモポリタンという言葉が特別なものでなくなりつつあるなか、なおそれについて考えることに意味があるとすれば、それは、その言葉の由来がそうであるように、このような現代の追放とホームレスについて考えることと不可分だろう。

その意味で、コスモポリタンは時代遅れではない。そうした人々とともに、真にコスモポリタンとなるためには、何が求められているのか。酒樽のなかのディオゲネスは、いま「ホーム」に生きる私たちにこそ、そう問いかけているように思える。

〔2021・8・20〕

※本文中の引用はディオゲネス・ラエルティオス『ギリシア哲学者列伝（中）』加来彰俊訳、岩波文庫、一九八九年より。

ハムレットが歩む悲劇への道程

佐々木和貴

『ハムレット』という芝居は、実は、「旅」と深く関わっている。

主人公のデンマーク王子ハムレットは、この芝居で三度旅をする。

一度目は、父の葬儀のために留学先ドイツから故郷に戻って来る旅だ。だがそこは喪に服するどころか、母ガートルードが叔父クローディアスと早すぎる再婚の宴を開くおぞましい場所と化している。そして、ただちに戻ることも許されずエルシノア城にとどまるハムレットが出会うのは、煉獄《れんごく》からはるばる旅してきたという父王の亡霊だ。

この亡霊がクローディアスに毒殺されたと告げ、ハムレットに「父の言葉を忘れるな」と命じるとき、悲劇は幕を開ける。

ところがハムレットは、すぐには父の復讐《ふくしゅう》を果たすことができない。そこにはおそらく、当時の宗教事情も絡んでいるのだろう。

カトリックでは、人は死後、天国へ迎え入れられる者、地獄へ落とされるもの、そして生前の罪を浄化されるまで煉獄での試練に耐える者に分かれるとされる。他方、プロテスタントは煉獄の存在そのものを否定している。そしてハムレットの留学先が、かの宗教改革の指導者マルティン・ルターが神学を講じていたウィッテンバーグ大学であることを考え合わせれば、ハムレットがこの亡霊を、煉獄ではなく、自分を騙《だま》すために父の姿を借りて地獄から訪れた悪魔ではないかと、疑ったこともうなずけるだろう。

こうして父の復讐をためらうハムレットは、亡霊の言葉が真実であるという「もっと確かな証拠」を切望することになる。

ヘンリー・フュースリ画《ハムレットとその父の幽霊》

そして、この望みがかなえられ、悲劇が大きく動き出すのも、旅の役者たちのおかげなのだ。ハムレットは巡業で城を訪れた彼らに殺人を再現した即興芝居を演じさせ、それを見たクローディアスの反応からついに彼が父を殺したことを確信するのである。だがクローディアスも同時に、ハムレットが秘密を知ったことに気が付き、彼を亡き者にするためにイギリスへ旅立たせる。

途中機転を利かせて危機を脱し、デンマークへ戻ってきたハムレットは、学友ホレーショに「雀が一羽落ちるにも天の摂理が働いている。……覚悟がすべてだ」と語ることになる。この二度目の旅のおかげで、ハムレットはこれまでの迷いや恐れを捨てて、悲劇の主人公にふさわしい、自らの宿命と向き合う勇気を得るのである。

さらに悲劇の幕を閉じるのもまた、旅する者たちだ。まず遊学先のフランスから戻ってきたレアティーズ。彼はハムレットの恋人オフィーリアの兄だが、騙されてクローディアスの手先となり、ハムレットに致命傷を負わせる。次にノルウェー王子フォーティンブラス。ハムレットがついにクローディアスを倒したのち、死期を悟って後継者に指名する彼もまた、ポーランド遠征を終えて帰国する旅の途中である。

だが誰よりも、「あとは沈黙」と言い残して息絶えるハムレット。彼こそ、最も遠くまで旅する者と言えるかもしれない。その三度目の旅の行方は、「行けば二度とは戻ってこない未知の国」なのだから。

こうして『ハムレット』という悲劇は終わる。死出《しで》の旅に従容《しょうよう》として赴くハムレットの姿を見て、私たちは深い愛惜の念を抱くだろう。だが幕が下りたあと、私たちはさらに、こうしたコロナ禍であればなおさらのこと、自分の生がこれからいかなる途をたどり、どのような終わりを迎えるのか、その計りがたさに思いを馳せるのではないだろうか。

そしてそのとき私たちは、ふと気がつくことだろう。『ハムレット』という芝居には、ハムレットの旅だけでなく、実は、私たち一人ひとりの「人生という旅」が映し出されていたことに。

〔2021・8・27〕

修学旅行が生んだ帝国日本の幻影

羽田朝子

修学旅行は日本人の多くが青少年期に経験する「旅と移動」であろう。今や一種の通過儀礼ともなっている修学旅行は、近代的な学校制度の普及とほぼ同時に始まった。明治中期に長距離遠足の形で生まれ、十九世紀末の鉄道開通により宿泊を伴う旅行に発展し、大正から昭和にかけて全国的に普及した。

戦前、一般に修学旅行の見学先は自然景勝のほか都市に備わる近代文明施設が中心であり、日清・日露戦争を経た後は皇室関連の建物や陵墓、または軍事施設が組み入れられた。修学旅行には、近代化のための人材養成と国民意識の涵養《かんよう》という要素が含まれていたのだ。

日露戦争直後の一九〇六年からは、日本が進出を始めた満洲方面への修学旅行が行われるようになった。これには将来の日本を担う青年に国威の及んだ地域を見学させるという意図が含まれており、現地の地理や史跡の見学のほか、日露戦争の戦跡巡りが行われた。

この満洲への修学旅行は、政府や軍の後押しにより、師範学校や商業学校、中学校や女学校も含む多くの学校の恒例行事の一つとして定着していった。

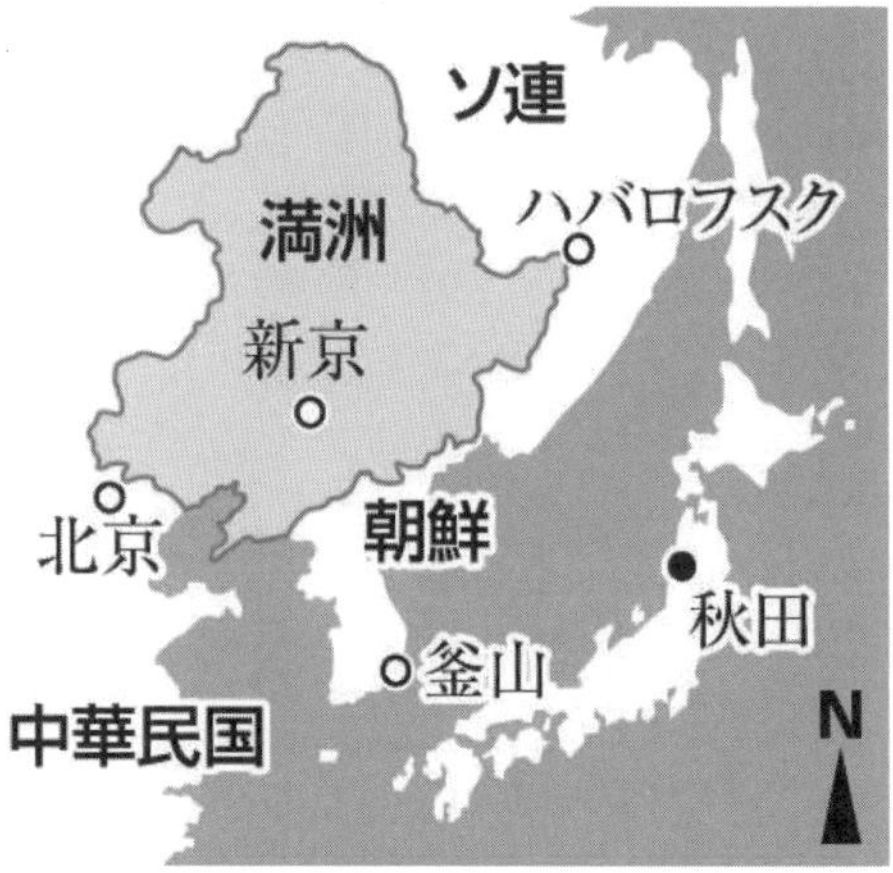

一九三二年に満洲国が成立すると、日本国内では空前の満洲ブームが巻き起こり、その発展ぶりを一目見ようと観光客が殺到した。とくに国都に指定された新京（現・長春）や満鉄の超特急列車あじあ号は「躍進満洲」の象徴となった。

昭和初期の不況により国内での就職機会が限られていた生徒にとって、満洲国は格好の新天地であった。そのため、この時期の修学旅行は就職のための下見旅行の性格も帯びるようになった。生徒たちは旅行中、満洲国の発展と先輩たちの活躍を心に刻み、帰国後の報告会では、その見聞に後輩たちが意気軒昂《いきけんこう》として聞き入ったという。

同じ頃、満洲国政府は国家の基盤を固める人材養成のため、日本へ官費留学生を派遣していた。そして日本側は高等教育機関の卒業年次に至った満洲国留学生に対し、日本での学びの総仕上げとして、各地を周遊する修学旅行を実施したのである。

この旅行は日本政府の全面的な補助により行われ、その目的は留学生たちに近代発展を遂げた日本の姿を見せ、日満親善の必要性を体感させることにあった。そのため見学場所は各地の官庁、

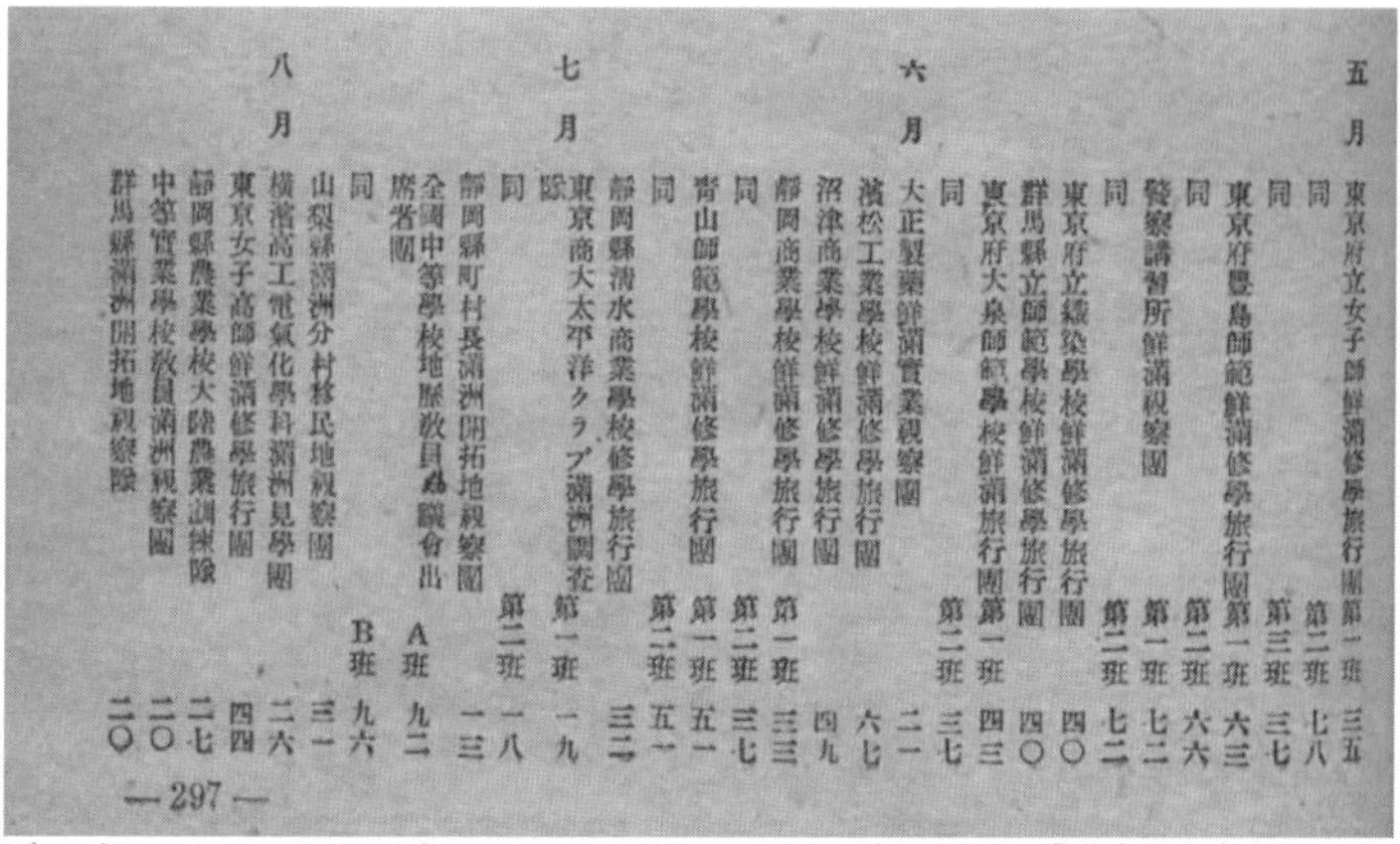

五月	東京府立女子師範鮮滿修學旅行團	第一班	三五
	同	第二班	七八
	同	第三班	三七
	東京府豊島師範鮮滿修學旅行團	第一班	六三
	同	第二班	六六
	警察講習所鮮滿視察團	第一班	七二
	同	第二班	七二
	東京府立纖染學校鮮滿修學旅行團		四〇
	群馬縣立師範學校鮮滿修學旅行團		四〇
	東京府大泉師範學校鮮滿旅行團	第一班	四三
	同	第二班	三七
六月	大正製藥鮮滿實業視察團		二一
	濱松工業學校鮮滿修學旅行團		六七
	沼津商業學校鮮滿修學旅行團		四九
	靜岡商業學校鮮滿修學旅行團	第一班	三三
	同	第二班	三七
	青山師範學校鮮滿修學旅行團	第一班	五一
	同	第二班	五一
	靜岡縣清水商業學校修學旅行團		三一
七月	東京商大太平洋クラブ滿洲調査隊	第一班	一九
	同	第二班	一八
	靜岡縣町村長滿洲開拓地視察團		一三
	全國中等學校地歴教員協議會出席者團	A班	九二
	同	B班	九六
八月	山梨縣滿洲分村移民地視察團		三一
	横濱高工電氣化學科滿洲見學團		二六
	東京女子高師鮮滿修學旅行團		四四
	靜岡縣農業學校大陸農業訓練隊		二七
	中等實業學校教員滿洲視察團		二〇
	群馬縣滿洲開拓地視察隊		二〇

— 297 —

ジャパン・ツーリスト・ビューロー（日本国際観光局）満洲支部編『満支旅行年鑑　昭和16年』。東京案内所が扱った「満鮮視察団」の中に、多くの修学旅行団が含まれている。

大学や博物館など文化施設に加え、新聞社や百貨店、民間企業や工場など商工業施設にも重点が置かれた。

一九三七年に日中戦争が勃発すると、日本ではナショナリズムがさらに高まった。神社参拝に国民精神の涵養の効果があるとされ、とくに伊勢神宮、橿原《かしはら》神宮、宮崎神宮は「聖地」として全国から大勢の参拝者が詰めかけた。満洲国留学生の修学旅行もこの「聖地巡り」ブームの影響を受け、これら神宮参拝が規定コースとなった。

満洲国の留学生は民族主義的な葛藤を抱えながらも、将来自分たちが祖国の発展を担うという自負があり、旅行を通じて近代国家のモデルを学ぼうと、日本の経済発展や国家体制について詳細に観察した。「聖地」を訪れた際には、そこに参拝する大勢の日本人の姿から一致団結した国民意識を感じ取り、大きな関心を寄せたのである。

近代化が疑う余地のない取り組むべき課題とされた

当時にあって、広大な国土と豊富な資源を擁し躍進せんとする満洲国や、アジアでいち早く近代国家の建設をなしとげた帝国日本の幻影は、その時代を生きる青年たちの心を惹きつけてやまなかった。そして修学旅行は、その思いを増幅させるものとして政治的に利用されたのだ。

ただしその幻影は、一九四五年八月の日本の敗戦とともに崩壊した。日本は、満洲で開発した鉄道や炭鉱、製鉄業など各種のインフラや産業を、すべて放棄した。これらは後の中華人民共和国にも引き継がれたが、一九五〇年代後半から七〇年代にかけて起こった政治動乱の中で元満洲国留学生はその経歴により厳しい批判にさらされることとなった。

現在のコロナ禍においては、修学旅行や留学が難しくなり、若者の異文化体験の機会が失われている。しかしこれを機に歴史を振り返り、あるべき異文化交流や国際理解について考えて欲しい。

〔2021・9・3〕

サハリン、「辺境」を問い直す島

長谷川章

サハリンは北海道の北にあり、日本から一番近いロシアと言える。だが、この島は日露の間で複雑に帰属が変わった。明治以降、両者の境界未確定期から帝政ロシアの全島領有へ、日露戦争を経ての南部の日本割譲、さらには第二次大戦でのソ連の再占領と推移する。その間ずっと日露にとってこの島は自国の「辺境」として扱われた。

例えば、ロシアでは境界未確定期から囚人入植が推進され、サハリンは本土から分離した流刑の島になっていく。一八九〇年、作家チェーホフは流刑囚の実態調査を決意し当地へ渡る。シベリア鉄道建設以前、旅は困難の連続だったが、彼の『サハリン島』（一八九五年）は残酷な体罰や売春が横行する辺境流刑地の荒廃を摘発する優れたルポルタージュとなった。

その後、南部は日本の樺太庁《からふと》になる。そこは日本本土にとっても「辺境」だった。北原白秋は一九二五年に当地を旅し、紀行文『フレップ・トリップ』（一九二八年）を刊行する。だが、これは手放しで称賛できるような作品ではなかった。現地の風物を次々取り上げる白秋の視線からは、北方の「辺境」を遅れた貧しい場所とする差別的態度が随所で透けて見える。

このように日露双方でこの島は本土の優越を前に「悲惨な」辺境の位置に置かれることになった。実際のサハリンには当然さまざまな魅力があるのだが、それとは別に、現代ロシアでもこの日露双方のイメージを意識した小説が登場する。

ヴェルキン『サハリン島』（二〇一八年）は、世界全面核戦争で唯一文明国として生き残った日本が「大日本帝国」を復活させ、サハリンを属領とするSFである。主人公は日本に育った数少ないロシア人女性で、学術調査で無法地帯と化したサハリンへ潜入する。映画『マッドマックス』も連想させる暴力に満ちた本編の設定は、帝政ロシアとサハリンの関係を大日本帝国と樺太の関係に転換させたものとも言える。

だが、ここでの差別描写は評価が分かれる。小説で日本人は特権的存在であり、他のアジア人は残忍な迫害を受けている。このような設定をした理由は、人間の差別感情の本質をあぶり出すためとも推察できる。だがロシアにも差別は当然あるのに、なぜ日本の差別構造に仮託したのかという疑問は残る。

日露の支配の歴史では、サハリンは確かに悲劇を重ねた島である。日本側の樺太では、第二次大戦末期のソ連軍占領で居留民は凄惨《せいさん》な体験を強いられた。日本人や樺太アイヌは島から北海道へ移住を余儀なくされ、徴用などで移っていた朝鮮人は戦後も当地に取り残されることになった。

他方、チェーホフ以降のロシア側はどうだったのか。最後に先住民族の立場から書き続けているニヴフ人作家のサンギについて紹介したい。

ニヴフ（旧称ギリヤーク）は大陸側とサハリンで狩猟漁猟を生業としてきた（現人口は約四五〇〇人）。サハリン北部出身のサンギがロシア語で書いた『ケヴォングの嫁取り』（一九七七年）は帝政末期が舞台の長編だ。川の上流部に暮らすニヴフの一族を中心に、銃・ウオッカ・毛皮・漁業・シベリア鉄道延伸などの経済史的観点を織り込みながら、ロシア極東の激変をダイナミックに描いている。

　主人公たちは奥地に取り残されたまま、外部から伝統を崩されていく。だが、サンギは一族の窮乏をただ描いたのではない。作家は、自身の側のローカルな世界を、外部のロシア人や他の少数民族の世界と多面的に対峙させる。そうすることでローカルな視点から飛翔《ひしょう》し、悲劇の本源が何かが全体像として鮮明に浮かび上がるのである。

　サンギのように、文学によって少数者の立場から申し立てができるのだと知ることは、一種の希望である。そもそもどんな位置にいても、個人は「全体」から見れば「辺境」のような個別の場所に置かれている。サンギを読むと、私たち個々人が自らの「辺境」から出発する上で、多大なインスピレーションを与えてくれるように思えるのだ。

〔2021・9・10〕

秀吉・家康時代、佐竹氏の軍事移動

渡辺英夫

天下人《てんがびと》太閤秀吉は、全国の戦国武将たちにそれまでとは比較にならないほど頻繁に長距離の移動を余儀なくさせた。大名たちは秀吉のもとに妻子を差し出し、あらぬ嫌疑をかけられぬよう、随時、京大坂に向けご機嫌伺いの旅に出た。常陸《ひたち》（茨城）時代の佐竹氏も例外ではなかった。なかでも最長の移動は、文禄元（一五九二）年朝鮮出兵令による肥前名護屋《ひぜんなごや》（佐賀県唐津市）への出陣だった。

こうした戦乱に伴う軍事移動はその後も続き、全国の大名たちを一斉に動かした最後の騒乱が大坂冬夏、両度の陣だった。秋田藩初代藩主佐竹義宣《よしのぶ》は、慶長十九（一六一四）年十一月、大坂に着陣し、同二十八日、今福《いまふく》の戦いで家老の渋江政光《しぶえまさみつ》を戦死させるなど激しく戦っている。その後、徳川方・豊臣方双方が和睦《わぼく》し、佐竹勢は翌年二月、一旦《いったん》帰国する。しかしそれも束の間《つかのま》、四月には再び秋田を発《た》って夏の陣に向かった。だが、佐竹勢が大坂に着いたのは豊臣秀頼とその母淀殿が自刃して果てた五月八日の前日だった。

家康による戦後処理が続くなか、義宣は国許の家老梅津憲忠《うめづのりただ》に宛て、「ゑぞが嶋（北海道）」へ

駿府に家康（大御所）を見舞った義宣が家康の病状や非常時への備えを国許に伝えた元和２（1616）年３月15日付書状（秋田市立佐竹史料館蔵）。

の転封《てんぽう》を命じられるかもしれないと不安を覗《のぞ》かせている。だが、その心配は杞憂に終わった。家康より帰国が許され、京を発ったのは六月二十三日だった。このとき義宣は、日本海沿岸を北上する北国道を選んでいる。この移動の最中七月十三日、元号は慶長から元和《げんな》へと改まる。

翌元和二年二月十二日夜、従兄弟《いとこ》の伊達政宗から書が届く。家康の病気見舞いに将軍秀忠が駿府《すんぷ》（静岡市）に向かうので、政宗も行くという。このとき義宣は男鹿に狩猟に出かけていた。急ぎ帰城し供揃《ともぞろ》えを命じると、十八日には秋田を発って二十八日に江戸に着き、三月二日、駿府に至って五日、家康に面会して病状を見舞っている。十七日、秀忠より帰参を許され、義宣は江戸へ戻った。四月十三日、家康が亡くなり、五月一日、帰国許可。九日に江戸を出て二十二日、秋田に帰城するも、八月十日には再び江戸に向かっている。

元和三年の正月を江戸で迎えると、この年はそれまでにも増して慌ただしい移動の年となる。正月十七日、江戸を発って二月に帰国。四月、再び江戸に戻ると、六月には将軍徳川秀忠の上洛に供奉《ぐぶ》して京に至り、九月下旬、江戸に戻った。そして、半年ほど江戸で過ごした後、翌元和四年三月二十三日、江戸を発って四月上旬、秋田に帰っている。

この時期、こうした過密な長距離移動は佐竹氏に限ったことではなかった。全国の大名たちが同様に、多くの供を従えて移動を繰り返した。騎馬の武将はともかく、歩行《かち》で随従《ずいじゅう》する平侍や足軽たちの健脚に驚かされる。だが、彼らよりもっと過酷な移動を繰り返した者たちがいた。飛《ひ》脚《きゃく》たちである。

義宣たちの動静が詳しくわかるのも、国許の家老たちと頻繁に書状をやり取りしたからで、その書を送り届けたのが飛脚だった。秋田藩では足軽や小人《こびと》とよばれる者たちがこの役目を負っていた。ともに武士に準じる士分格の身分で、当時、江戸と国許《くにもと》で書をやり取りする場合、手紙を届けると一日だけ休みが与えられ、その翌日には返書を携えて帰途につくのが一般的だった。彼らは秋田と江戸の間を大体八日ないし九日で走っている。これを一日の休息を挟んで往復するのだから驚異的な持久力である。片道七日で走ると小判一両の褒美が与えられる代わりに通常より遅れると罰せられるという厳しい役目だった。

この時期、羽州街道はまだ完成していない。元和六（一六二〇）年には刈和野に藩主専用の御座船三艘《そう》を配備した記録があり、同八年十月には江戸からの帰路、義宣はここから乗船し秋田市仁井田の目長田まで下っている。寛永元（一六二四）年六月、秋田藩は土崎湊で御座船二艘を建造し、十一月二十八日、これを上流の横手市沼館に配備しようと計画したが、雄物川が凍り付いてできず、その後の雨で氷が溶け、十二月三日、ようやくこれを上《のぼ》せている。この後、沼館からの乗船が試みられ、湯沢市岩崎から浅舞を経て沼館に至る道筋が整備される。大名駕籠《かご》が登場する以前、わずかの精鋭を従えた騎馬移動の様子が窺えるだろう。

〔2021・9・17〕

放浪のヴェネツィア人画家

佐々木千佳

人と物の移動がかつてないほどに活発化したルネサンス期には、イタリアの都市国家間で芸術家や芸術作品の移動も増加し始めた。聖堂や邸宅などを装飾するため、君主や富裕市民層は優れた芸術家を求め、芸術家たちも越境した。ミラノの宮廷画家に雇用されたレオナルド・ダ・ヴィンチや、ヴェネツィア政府の外交政策の一環でオスマン帝国に派遣され肖像画制作にあたったジェンティーレ・ベッリーニのような画家もいる。

しかし大半は生地に近い都市へ移動した後、そこで活動の機会を得るのが常であった。芸術家の越境の契機は、芸術庇護《ひご》者との関係に大きく結びついていたのである。

ヴェネツィア生まれの画家ロレンツォ・ロット（一四八〇年頃―一五五六または五七年）の痕跡の多くは生地以外に遺《のこ》されている。赴く先々の地方様式を柔軟に吸収し、独自の図像とあわせた深淵な情緒性を描き出し、放浪の天才画家とも称されてきた。

ロットの制作地はイタリア中部マルケ地方のレカナーティ、ヴァチカン宮殿、再びマルケと移り、一五一三～二五年にロンバルディア地方ベルガモで才能を開花させた。以降、マルケ地方やトレヴィーゾに拠点を置きつつ地方パトロンの注文に応えた。その後、帰郷を果たすも、当時はティツィアーノが圧倒的な名声を誇っていただけにわずかな注文しか得られず、四九年にロレートへ完全に移住し、同地の修道僧として貧困のうちに没した。

ヴェネツィアで最古の聖堂の一つサン・ジャコモ（聖ヤコブ）・ダッロリオ聖堂内陣主祭壇には、ロットの《聖母子と諸聖人》がひっそりと佇《たたず》む。晩年の一時滞在時に制作され、直後にマルケへ出発して二度と故郷の地を踏むことがなかった画家の、ヴェネツィア最後の作品である。

ここには以前マルケで制作した別の同主題作品と同様の構図が採用されており、それを注文主である聖母の同信会（聖堂内に祭壇を寄進した互助組織）の嗜好に沿い、より伝統的な図像表現として控えめに整えている。光と影の描写や人物動勢が影を潜め、落ち着いた色調に留まる表現は、制作時に病を患っていた画家自身の状況とも結びつけられる。

しかし、細部に目を向けると画家特有のユニークな図像表現が目に入ってくる。聖母の左側に巡礼杖を抱えて立つ使徒ヤコブの足元には、通常聖人が被る帽子が置かれている。聖ヤコブの遺骸が眠るサンティアゴ・デ・コンポステーラ巡礼の印である帆立貝が施され、それは食

ロレンツォ・ロット画《聖母子と諸聖人》

料や手形を入れる頭陀袋《ずだぶくろ》と瓢簞《ひょうたん》の上に覆い被さっている。

これは三十年ほど前にレカナーティで制作した聖ヤコブを描いた作品前景の同じモチーフを再登場させたものだ。以前の作品では、サンティアゴのみならず、ロレートの巡礼地「聖母の家」も暗示していた。そこでも頭陀袋があたかも世俗、地上的な糧食の不要性を示すかのように投げ置かれて描かれていた。この険しい巡礼の道行きを細部で強調する手法は、ヤコブ同信会が設置されていたサン・ジャコモ聖堂が、当時隆盛を極めたサンティアゴ巡礼への出発地かつ宿場となっていたヴェネツィアにおける重要な拠点であったことと無縁ではない。

《聖母子と諸聖人》の聖母が座る玉座前面の紙片には、注文者の同信会管理者の名がある。ロットは作品の大部分に署名を残したが、多くはヴェネツィア人画家たちがその出自を誇るかのように描いた、カルッテリーノ（紙片）を画面に張り付ける手法を踏襲した。だが本作ではそこに画家の名が欠けている。自ら創出した巡礼帽モチーフを傍らに挿入することでその存在の証しとしているかのようだ。

また、その後方に玉座に向かって大きく伸びる影が描かれているのに気づく。これは聖人の影であると同時に、地方で描いた手前の独創的な図像レパートリーを目立たせてもいる。

異郷に身を置くことは、我々の小さな旅や移動でさえそうであるように、後にしてきた場所の伝統や環境と関係を結び直すことでもある。

ロットにとっての移動は、しばしば図像が発する意味に重層性をもたらした。また各地で獲得してきた個性と、ヴェネツィア人としてのアイデンティティーとを強く意識させるものであったに違いない。

〔2021・10・1〕

ウィーンにみる多様性と統一

中村寿

旅し、移動する人々——流浪の民——筆者はユダヤ人に想いをはせた。それに「多様性における統一」を重ね合わせたい。

「多様性と統一」は二〇二〇年東京オリンピック・パラリンピック（二〇二一年開催）を機に注目されたように、超大国や国際間の関心事を思い起こさせるが、小さな国の小さな集団にもこれは当てはまる。

オーストリア。オーストリア語はない。ドイツ語が話される。北海道とおよそ同じ面積に約八百九十万人が居住する。人口規模は現代ドイツのおよそ十分の一。同じ言葉を使っているにもかかわらず、国が異なる理由を説明するためには、過去を振り返らなければならない。背景には、ドイツ人によるドイツ帝国（一八七一年成立）と多民族連合のオーストリア＝ハンガリー帝国（一八六七年成立、以下＝二重帝国）がある。

二重帝国期には、ドイツ語、チェコ語、ポーランド語、ルテニア語（ウクライナ語）、スロヴェニア語以下、十一の言葉が話されていた（公用語は制定されず、役所文書は慣習的にドイツ語）。新技術の鉄道を通じて、ウィーンには中・東欧から移民が集まった。一九一〇年の人口統計を見ると、帝国全域で五千百万、首都で二百十万余の数値がある。二百万のうち、十七万をユダヤ人が占めた。「世紀末ウィーン」はユダヤ人の絶頂期と重なる。ここから作曲家グスタフ・マーラーほか文化界のスターが出た。オスマン帝国のユダヤ人のための祈禱所《きとう》トルコ人シナゴーグ（ユダヤ教徒の会堂）まであった。

第一次世界大戦の敗戦（一九一八年）により帝国は崩壊、旧帝国のドイツ人による新国家ドイツ＝オーストリア共和国が誕生した（翌年、民族名ドイツの削除を戦勝国から要請され、オーストリア共和国と改称）。ドイツ民族主義はドイツ人の分断を憂い続けた。オーストリア生まれの民族主義者ヒトラーの行動は明快だ。ナチスドイツはオーストリア併合を通じて、ドイツ人の統一という民族主義者の悲願をついに達成した。宿願成就とは裏腹に、彼らが歴史に残した恥辱の大きさは途方もない。ドイツ人を虐待する外国勢力とその黒幕としてのユダヤ人という世界支配の陰謀論をでっちあげ、瓦礫《がれき》と人間の大量殺戮工場アウシュヴィッツを現実にしてしまった。

ウィーンの旧市街にあるユダヤ博物館（筆者撮影）。ウィーンのユダヤ人共同体はドイツ語圏最大、欧州でもワルシャワ、ブダペストに次ぐ第三の規模を誇った。

一九四五年四月、ウィーンで解放を迎えたユダヤ人は五千人強。それに強制収容所からの帰還者二千人余が加わる。しかし生存者の多数は虐殺のトラウマにまみれたこの忌まわしい都市に残ることを望まなかった。戦後ユダヤ人共同体は少数の生存者と新移民によって築かれる。

新移民はおそらく、偶然が重なってウィーンに住むことになった。冷戦時代のオーストリアには、東欧から北米・イスラエルに移動する際のトランジット（通過）国の役割があった。新移民は出国から入国の過程で、経由地の第三国に居住することを選んだ少数の人々というわけだ。彼らの内訳を見てみると、旧ソ連・東欧出身者のほか、イランのイスラム主義政権からの亡命者、ウズベキスタン、タジキスタン、キルギスタン（いずれも当時は旧ソ連）から出国した中央アジア系ユダヤ人などがいる。

このような多種多様なルーツをもつ人々を統一して

いるのが、ユダヤ人としての同一性だ。共同体の記録から筆者が読み取ったことは、次の二点だ。

①人生は案外、偶然に左右されている。

②共同体を存続させようとする強い意志により、出自や文化の差異は乗り越えられる。

共同体の繁栄は歓迎すべきことだが、その象徴であるシナゴーグを見ていると、筆者は悲しくなる。会堂はテロリストに対する厳重警備の対象となり、ものものしさが漂う。

人の移動、多様化はますます進んでいく。その一方で、ふとしたとき、それらは薄氷の上にあるような脆《もろ》い姿をのぞかせる。これが現代欧州の現実だ。

〔2021・10・8〕

ことばの伝わりかた、今昔

大橋純一

「旅・移動」というと、私が学ぶ言語学にとっては、いかにも縁遠い話題に思えるかもしれない。しかし意外なことに、言葉の問題を考えるうえで「旅・移動」はかねてより関連が深く、有益な知見をもたらしてくれるものとして見逃しがたい。

民俗学者・柳田国男の著作に『蝸牛考《かぎゅうこう》』（一九三〇年、刀江書院）という語学書がある。「蝸牛」とはすなわち「かたつむり」のこと。柳田はそれが日本各地でどう呼ばれているかを調査し、全国分布から変化の序列を推定しようとした（次頁図参照）。これによれば、日本列島には、「デンデンムシ→マイマイ→カタツムリ→ツブリ→ナメクジ」がこの順で東西に並び、あたかも京都を中心として蝸牛の呼称が同心円状に分布していることがわかる。

言語は一般に文化の中心地で革新が生まれ、人の移動に伴って周辺へと伝播《でんぱ》していく。すると、それまで使っていた言葉は池に石を投じたときの波紋のように周囲へと押しやられ、結果、その外縁に位置する東北や九州に古い言葉が残存することになる。柳田はこれを「方言周圏論《しゅうけんろん》」と称し、言語変化の理《り》と説いた。その是非はともかくとして、言葉は言葉自体が勝手に変化するの

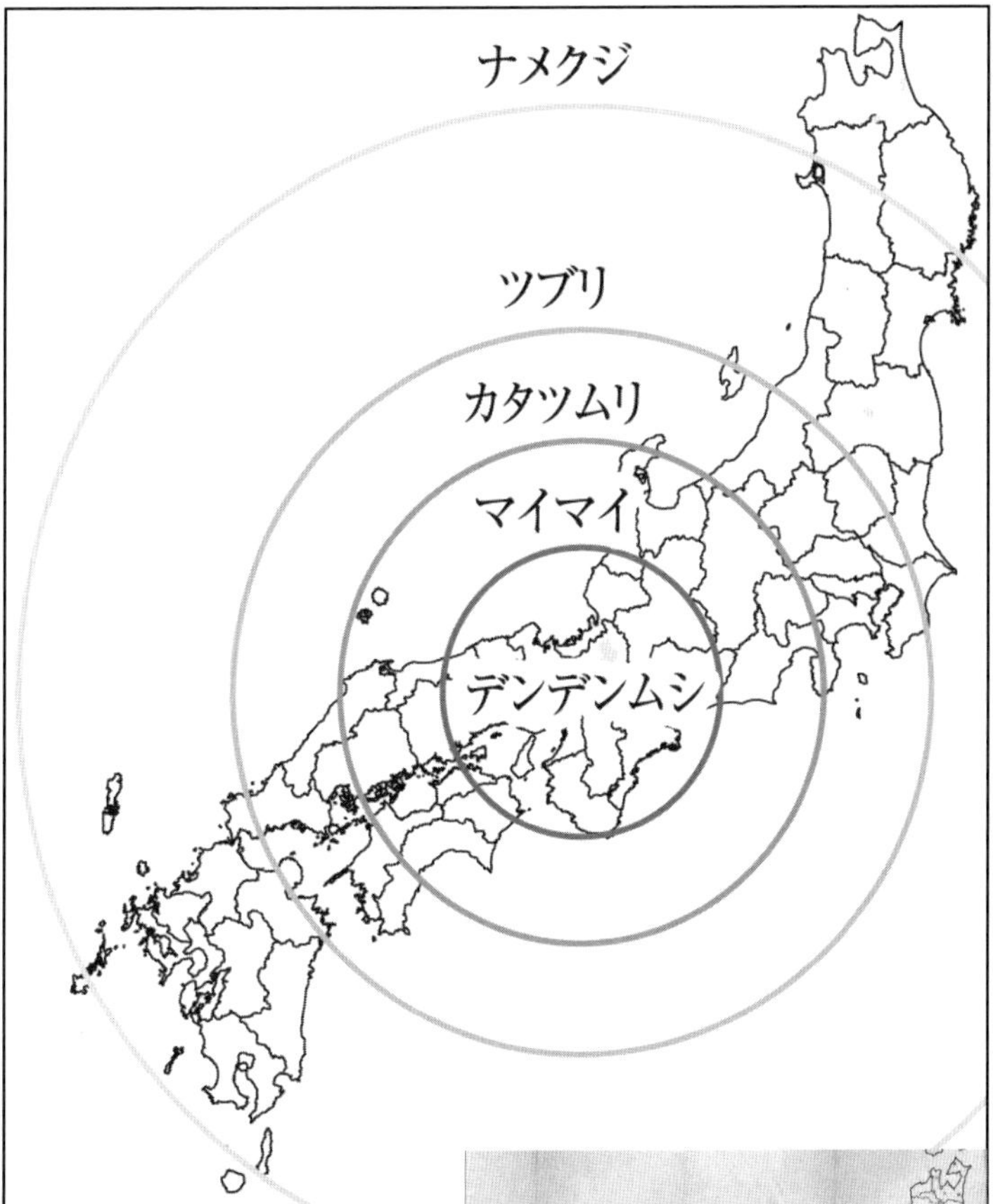

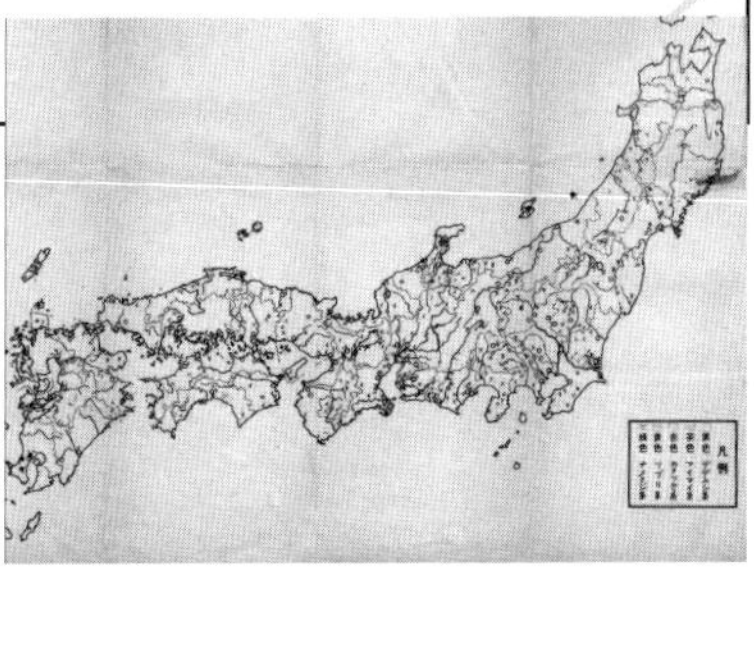

柳田國男『蝸牛考』の図（右）を基にした「かたつむり」の方言分布（上・真田信治『方言の日本地図　ことばの旅』〈講談社α新書〉より）。

ではなく、人の移動（時には旅も）が密接に関わるというのがこの話の肝《きも》となる。

もっとも以上は、柳田の論を持ち出すまでもなく、近世の時代には既に気づかれていたふしがある。国学者の本居宣長《もとおりのりなが》は、自身の見聞や考証を述べた随想『玉勝間《たまかつま》』（一七九五～一八一二年刊）において、「すべてゐなかには、いにしへの言の残れること多し」と記している。生前、各所を旅したとされる宣長のこと。人伝えの知識のほか、みずからの旅の記憶にもより、上記のように察せられるところがあったに違いない。

また俳人・越谷吾山《こしがやござん》の方言集『物類称呼《ぶつるいしょうこ》』（一七七五年刊）では、その「序」に「東西の辺国《へんこく》にも雅言《がげん》あり」との指摘があり、「遠方より来たれる友の詞《ことのは》を笑はしむるの罪をまぬかれしめん」（地方には古いみやび言葉もあるので笑ってはいけない）と、その編纂《へんさん》理由が自戒も込めて明記されている。これもまた、柳田の『蝸牛考』（＝方言周圏論）が言わんとすることを、それに先んじて的確に言い当てていた見識のひとつといえるだろう。

さて以上のように、言葉の変化と「旅・移動」をめぐる議論はきわめて示唆的ではあるが、他方、〝今〟という時代は『蝸牛考』、ましてや『玉勝間』や『物類称呼』の時代とは大きく事情が異なる。特に戦後に生じた通信・交通網の発達は、短期間に、時にはそこに居ながらにして人・物と交わり合える共通空間を創出した。またそれに付随し、従来のような人から人へ、地を伝って変化していくのとはまた違った背景による言葉の変化も生じつつある。

それは何も共通語化という一元化の方向性のものに限られない。たとえば昨今、学生たちの言語使用を観察すると、その世代・間柄でのみ分かり合える内々《うちうち》の言葉を志向してのことか、各種方言を表現ツールのひとつとして積極利用している様子がうかがえる（語尾で「……だべ」とか「……やんか」を意識的に使い分けるなど）。こうした事例を知るにつれ、つくづく言葉というのは時流や人の志向、社会条件に基づくものであることを考えさせられる。

今回のキーワードは「旅・移動」であるが、それを今の時代に照らして考えれば、就学・就職・結婚等々、人の一生の中で「移動」がまったく関わらない生き方はむしろ稀《まれ》となってきているのではないか。その点、先学が想定していた「移動」の意味合いよりは格段に範囲が広く、かつ飛び火的と見るべきだろう。そうした現代において、言葉を捉える視点もこれまで以上に多様化が求められている。言語研究はどこまでいってもこれでよしとする到達点がない。言葉の理を求める「旅・移動」は私自身、しばらく終わりそうにない。

〔2021・10・15〕

中国北部、遊牧民と農耕民の攻防

内田昌功

ユーラシア大陸東部では、世界屈指の遊牧地域であるモンゴル高原と、最大級の農耕地域である中国華北平原が近距離で隣接している。そのため世界史上、遊牧民と農耕民が最も激しく衝突し、また最も深く結びついた地域であった。両地域を戦わせた最大の理由が馬である。本来中国は経済力と人口で圧倒的な力を持つが、馬の存在が遊牧世界に強大な軍事力をもたらしたことで、両地域の関係は不安定なものになったのである。

その関係は実に劇的な形で始まる。モンゴルの遊牧民匈奴《きょうど》は紀元前四世紀から史料に現れ始めるが、紀元前二〇九年に冒頓《ぼくとつ》が王に立つと初めてモンゴル高原の統一に成功する。一方、中国では紀元前二二一年に秦《しん》が統一を果たし、次いで短命に終わった秦に代わり、漢が紀元前二〇二年に建国される。農牧両地域に相次いで統一国家が誕生したのである。

二つの大国は引き寄せられるように戦争へと向かい、紀元前二〇〇年、漢と匈奴は国境付近で正面から衝突する（白登山《はくとうさん》の戦い）。冒頓率いる匈奴は騎兵を中心とする四十万、高祖劉邦《りゅうほう》の前漢は歩兵中心の三十二万、大規模な戦いとなったが、戦況は一方的であった。匈奴は騎兵の機動

力を生かし、巧みな戦術で劉邦の本軍をとらえ、七日間にわたって包囲する。劉邦は辛うじて脱出するものの、前漢は匈奴に対し毎年絹や穀物を送ることを約束させられる。

屈辱的な条約を結ばされた前漢は馬の重要性を認識し、騎兵の育成を行う。七十年ほど後の武《ぶ》帝《てい》の時代、準備が整った漢は匈奴に対し攻勢に転じ、十年以上にわたる戦争の末、従属的関係から脱することに成功する。漢と匈奴はこれ以後も対立を繰り返すが、次第に漢が優勢となり、一世紀半ばには匈奴が分裂、南匈奴が後漢に従属し、北匈奴は一世紀の終わりに滅ぼされ、三百年に及ぶ攻防はついに漢の勝利に終わる。

しかしこれが最終的な決着とはならなかった。その後、匈奴は二百年間にわたり後漢とその後を継いだ魏《ぎ》、西晋《せいしん》によって支配されるが、四世紀初め、西晋が内乱によって混乱に陥ると、独立を宣言し、独自の王朝を建国する。これ以降、中国北部は諸民族が割拠する五胡十六国時代となり、さらに遊牧民政権と漢族政権が南北に対峙する南北朝時代に進む。この間、遊牧民の中心勢力は匈奴から鮮卑《せんぴ》に移り、やがて鮮卑系の隋唐《ずいとう》王朝により再統一が成し遂げられる。

五胡十六国時代に先立つ三世紀、中国で馬に関する大きな発明が生まれる。乗馬時に足を乗せる鐙《あぶみ》が登場するのである。恐らくは乗馬に不慣れな農耕民が馬に乗る際の足掛けとして、あるいは馬上で体勢を安定させるために使い始めたものと推測される。これが騎馬戦術を思わぬ方向へ発展させる。鐙の発明により馬上でバランスを保つことが容易になったことで、騎士は槍などの武器を扱いやすくなり、重い防具を身に付けることができるようになった。鐙は遊牧民にも受け入れられ、騎馬戦術はさらに進化し、乗馬に熟達した遊牧民を一層有利にする結果となった。

唐以降も引き続き、遊牧民国家と中国の王朝の攻防が繰り広げられる。基本的には軍事にまさる遊牧民が攻め、漢族の王朝が守るという趨勢《すうせい》が続くが、馬の脅威に対し漢族王朝が守りの要としたものが二つある。一つは長城《ちょうじょう》である。長城は紀元前から建設され始めるが、時代が下るごとに改良が進み、十五世紀の明《みん》の時代に最も完成度が高くなる。長城を突破されると次は長江《ちょうこう》が守りの要所になる。中国北部を失った王朝は首都を長江の南に置き、淮水《わいすい》や長江を防衛線にする。水戦に不慣れな遊牧民の弱点を突いたものである。

農耕民と遊牧民の長い戦いは、十七世紀に満洲族が農耕・遊牧両世界にまたがる王朝を建てたことで二千年の攻防に終止符が打たれる。兵器としての馬も、銃器の発展の結果、世界史的には二十世紀初めにはその役割を終えることになる。

一方、馬によってもたらされた両地域の長く深い関係は、対立だけでなく文化的な融合も生み、食文化や民族衣装、また遊牧民が基礎を作った首都北京など、今もさまざまな点に残されている。

〔2021・10・22〕

コロナ禍で立ち上がるジャンヌ・ダルク

佐藤猛

中世ヨーロッパにおいて英仏百年戦争が行われていた頃である。英軍がフランス北部を占領していた一四二九年、ジャンヌ・ダルク（一四一二?〜三一年）は旅に出た。

その前年、彼女は故郷のドンレミ村近くの仏軍駐屯地を訪れた。私以外にフランスを救う者はいない、自分は神から遣《つか》わされたと駐屯隊長を説得した。

オルレアン中央広場に建つジャンヌ騎馬像（筆者撮影）

旅に出たジャンヌはシノンで仏王太子シャルルに謁見《えっけん》した後、英軍包囲下のオルレアンで勝利して町を解放し、シャルルの国王戴冠式に出席した。だがパリ攻略に失敗し、捕らえられた。一四三一年、英占領下のルーアンで教会裁判により異端宣告を受け、処刑された。

その裁判でジャンヌは旅立ちの理由をこう述べている。オルレアンを解放せよとの神の声を聞いたと。この供述は、神の言葉を解釈すべき教会にとって危険で、傲慢《ごうまん》だと判断され、異端宣告の根拠となった。

ジャンヌ処刑から二十二年後、百年戦争は仏勝利に終わった。仏陣営の教会指導者は、生前の彼女に関する証言をもとに異端宣告を破棄した。彼女はキリスト教徒として復権した。

この時に集められた証言によれば、ジャンヌは出立《しゅったつ》時、使命とともに後ろめたさを感じていたようだ。幼なじみによると、彼女は仏軍駐屯地まで送ってくれた叔父に、父親には叔母の出産を手伝っていることにして欲しいと頼んだという。ジャンヌは嘘を後悔したのだろうか。出立後十日足らずで父母に手紙を送り、許しを乞うたと処刑裁判において供述している。

ジャンヌは道中、勇敢にも一人で多くの兵士を率いたと考えられがちである。だが、実際には常に数人の騎士に守られて移動した。彼らの多くが後に復権裁判の証言台に立ち、彼女が毎日お祈りをし、小食であり、きれいな服装を好んだと述べている。オルレアンの町のもと守備隊長は、ジャンヌが時折冗談を交えて戦いの話を創作し、周囲を励ましたと証言している。

騎馬で約五千キロに及んだ旅の様子は、ジャンヌの使命感と人柄に彩られ、現在まで語り継がれている。仏内外の政治家・作家・教会指導者らが実に多様な役どころを彼女に与えてきた。

オルレアン市は一四二九年以来、ほぼ毎年祝祭を催し、ジャンヌの功績を称《たた》えている。

一七八九年フランス革命期の一議員は、ジャンヌが生きていれば、革命の発端となったバスティーユの襲撃に参加しただろうと述べた。ナポレオンは反革命諸国と戦っていた頃、彼女を祖国独立の象徴として掲げた。ただし、称賛ばかりではない。英国に目を向けると、シェイクスピアの『ヘンリー六世』（一五九〇年頃の作）に、彼女は高慢な魔術使いとして登場する。ローマ教皇庁は一九二〇年、ジャンヌを聖人の列に加えており、二〇二〇年はその百周年の節目にあたった。日本では明治以来、彼女は児童向けの偉人伝に欠かせない人物となっている。

ジャンヌは死後、人々の記憶の中で「旅」を再開し、各時代の転換点で人々に担がれてさえいるかのようである。だとすれば、その「旅」は今どこに向かっているのだろうか。

オルレアンでは今年の春も感染対策をしてジャンヌ・ダルク祭が開催された。その様子は動画投稿サイト「ＹｏｕＴｕｂｅ」で配信されている。同地のジャック・ブラカール司教は説教中、百年戦争をコロナ禍と重ねて回顧した後、ジャンヌは統合・力・勇気・公益への配慮の模範であり続けていると述べた。

力や勇気とともに、なぜ統合と公益という言葉が選ばれたのか。司教はコロナ禍の中で起きている差別や分断の解消を祈りつつ、社会全体が統合を取り戻すという希望の旗振り役をジャンヌに託したと考えるのは、深読みだろうか。

旅と移動への自粛要請はようやく解除されつつある。新たな状況の中で、ジャンヌがどのような希望を携えて「旅」を続けるのかを見守りたい。

〔2021・10・29〕

第三部

集う人々

二〇二二年二月、ロシアがウクライナに侵攻した。人々が離合集散を繰り返す戦争の勃発により、コロナの再爆発も危惧された。その中で、秋田では竿燈まつりが再開し、世界ではサッカーワールドカップも開催された。人はなぜ、どこに集まったのか。集いの場には何が残されたのか。日本の伝統的な祭りの起源から掘り起こし、最後に人と会い、語らうことの喜びをかみしめたい。

祇園祭と牛頭天王信仰

志立正知

コロナ感染症の流行のため、ここ数年中断されていた土崎港曳山《ひきやま》まつりや秋田竿燈《かんとう》まつりが、再開されるといううれしいニュースが聞こえてきている。人々が集う祭りは、地域の連帯性の維持や伝統文化の保存のためにも、ぜひ大切にしてゆきたいものだ。

こうした祭りの中には、疫病の収束を祈念した御霊会《ごりょうえ》に起源を持つものがある。代表的なのが京都の夏を代表する祇園祭だ。

平安京が建設され、人々が密集して生活するようになると、さまざまな病の流行が都を襲うことになる。衛生や感染症に関する知識のなかった時代、ある意味やむを得ないことではあったが、そこに暮らす人々にとっては深刻な脅威であった。人々は、こうした災厄が御霊（まつろわぬ霊）によってもたらされると考えた。御霊の代表格としては菅原道真や崇徳《すとく》上皇など、不遇の死を迎えた死者の怨霊が挙げられるが、海外からの渡来神もまた御霊とされることがあった。貞観《じょうがん》十四（八七二）年正月に京中に咳病《しわぶきやみ》（インフルエンザの一種であろうか）が流行したときには、渤海《ぼっかい》国使の入国による「異土ノ毒気」の故《ゆえ》という噂が流れたという（『三代実録』）。

2022年、3年ぶりに実施された山鉾巡行。196年ぶりに復活した「鷹山」が話題になった（写真提供：共同通信社）。

こうした御霊に対し、人々が集い、仏事や歌舞芸能などをもって慰撫《いぶ》し、災厄の収束を願ったのである。平安時代の政治家藤原忠平の日記『貞信公記』延喜二十（九二〇）年閏六月二十三日条に、「咳病を除かんために、幣帛《へいはく》（供え物）・走馬《はしりうま》を祇園に奉るべきの状（原文漢文）」とあるのが、現在知られている祇園での御霊会の最初の記録となっている。祇園祭で繰り広げられる華やかな山鉾《やまぼこ》巡行も、じつは御霊神を楽しませるために行われているのである。

祇園社の祭神は牛頭天王《ごずてんのう》とされているが、これがいつ頃からなのかは実はよくわかっていない。歴史学者の村山修一氏によれば、牛頭天王は古くはインドの土俗信仰の対象であったが、陰陽道《おんみょうどう》の星宿神として南都系密教に伝わったという。

中世の祇園社に伝わる資料によると、牛頭天

東湖八坂神社の牛乗り神事

王（武塔《むとう》天神）は天刑星（陰陽道の鬼神）が北天竺《てんじく》摩訶陀《まがだ》国（現在のインド・ガンジス川流域）の王として現れた姿で、南海娑竭羅《しゃから》龍王の娘を后《きさき》に迎えるための旅の途中、夜叉《やしゃ》国（広達国）で宿を借りようとして拒絶されたが、貧しい蘇民将来《そみんしょうらい》のみが一行を歓待した。無事に婚姻をはたした牛頭天王は、帰路にも蘇民将来を訪ね、疫病逃れの祭儀や呪術をさずけて、末代に自分が疫病神となって祟りをなす際にも、蘇民将来の子孫だけは護ろうと誓約したという。

この牛頭天王の本性が素盞鳴尊《すさのおのみこと》であると記した最初の資料は、吉田兼方が十三世紀後半に記した『釈日本紀』に引かれた「備後国風土記《びんごのくにふどき》逸文《いつぶん》」だ。「疫隈国社《えのくまのくにつやしろ》」の縁起で、先の説話の武塔天神が、自ら「速須佐雄神《はやすさのおのかみ》」と名乗ったとされる。ただしこの「逸文」は鎌倉期以降の偽作と考えられている。

さて、この「逸文」のように素盞鳴尊と習合した牛頭天王信仰は、裸祭りで有名な黒石寺《こくせきじ》（岩手県奥州市）をはじめとして、東北各地に広がっている。

秋田県では、八郎湖南岸に鎮座する東湖八坂神社（潟上市天王）で七月に行われる祭礼（牛乗り神事・くも舞神事、コロナ感染予防のため今年も中止）がよく知られている。この神社が資料に登場するのは戦国末期以降で、古くは牛頭天王宮・天王堂・天王社などと呼ばれ、天王村という旧地名もこれにちなんでいる。

祇園では疫病神として祀《まつ》られていた牛頭天王だが、秋田では性格を少し変え、農耕・雨乞いの神としての性格を強くしている。素盞鳴の八岐大蛇《やまたのおろち》退治神話は、河口付近で幾筋にも分かれた荒ぶる川の治水の問題が背後にあると指摘されているので、農耕・水との結びつきも納得できる。ちなみに八郎湖周辺では、この八岐大蛇退治と八郎太郎が習合したような伝説も多く見られるようだ。

疫病の収束を願い、日々の平穏と幸いの祈りを起源とする祭り。今年こそ多くの人々とともに夏祭りを迎えたいと願っている。

〔2022・6・3〕

ヘミングウェイの不条理な実感

中尾信一

「七月六日、日曜日の正午、フィエスタが爆発した。そう表現する以外に他の言い方はなかった」アーネスト・ヘミングウェイ（一八九九〜一九六一年）の小説『日はまた昇る』（一九二六年）、物語のクライマックスとなる第十五章の冒頭はこのように始まる。

ここでいうフィエスタ（祝祭）とは、フランス国境に近いスペインの都市パンプローナで毎年開催される「サン・フェルミン祭」のことで、現在でも百万人近い観客を集める宗教的な祭礼である。特に「エンシエロ」と呼ばれる「牛追い」の行事が有名で、白い服に赤いスカーフを首に巻いた人々が、直後から突進してくる闘牛に追い立てられながら狭い街路を全速力で駆け抜けていく映像は、日本のニュースでも取り上げられることが多い。

小説中でこの街は、主人公のアメリカ人ジェイク・バーンズが、毎年この祭りのために休暇をとって日常の生活拠点であるパリを離れ、友人たちとともに、一週間余り続くこの期間に濃密に圧縮された情熱的な瞬間を経験する場所として描かれる。また周辺の農村地帯からも多くの農民たちが集い、ひたすらワインを飲み続け、見知らぬ人たちと酒場で語り合い、宗教的なパレード

パンプローナの牛追い行事

を見たり、街路で踊ったり、そして闘牛見学に興奮することで、普段の生活では表現できない感情を爆発させる。この祝祭は他の多くの祭りと同様、人々に普段の生活を忘れさせる非日常的な時間と空間を提供する。

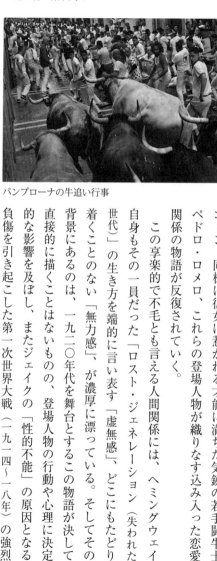

だが物語上では、この祝祭空間においても、それ以前のパリの生活で描かれていた複雑きわまりない人間関係が継続する。特にジェイク、彼と最も親密でありながら彼の「性的不能」のためにその関係を成就することができない女性ブレット、彼女の魅力の虜《とりこ》となり翻弄《ほんろう》されるロバート・コーン、同様に彼女に惹《ひ》かれる才能に満ちた気鋭の若手闘牛士ペドロ・ロメロ、これらの登場人物が織りなす込み入った恋愛関係の物語が反復されていく。

この享楽的で不毛とも言える人間関係には、ヘミングウェイ自身もその一員だった「ロスト・ジェネレーション（失われた世代）」の生き方を端的に言い表す「虚無感」、どこにもたどり着くことのない「無力感」、が濃厚に漂っている。そしてその背景にあるのは、一九二〇年代を舞台とするこの物語が決して直接的に描くことはないものの、登場人物の行動や心理に決定的な影響を及ぼし、またジェイクの「性的不能」の原因となる負傷を引き起こした第一次世界大戦（一九一四～一八年）の強烈な体験である。

ある意味「戦争」とは、「祝祭」同様、そこに集う人々を巻き込む極めて非日常的な時空間でもある。戦争では常に「死」を意識せざるを得ず、その現場でしか味わえない「生」の強烈さは特権的なものとなる。パンプローナの祝祭においても、「生」はその期間において集中的・集団的に寿《ことほ》がれる出来事＝瞬間ではあるものの、そこで繰り返し描写される闘牛の場面から嗅ぎとられるのは、「死」の予感なのである。一見対極に位置付けられる「戦争」と「祝祭」は、いずれも「生」と「死」の劇的な体験という意味で、相互につながりあい、支えあい、反転しあっている。

そもそもヘミングウェイの人生自体、そのような激しい生と死の体験を追い求め続けた過程でもあった。それは、第一次世界大戦での体験や、フィエスタへの参加だけではない。その後のスペイン内戦（一九三六〜三九年）時の現地報道記者としての仕事や、第二次世界大戦末期にナチスドイツからのパリ解放に立ち会ったこと、さらに彼が愛した狩猟や闘牛でさえも、そこでしか触れ得ない非日常的な生と死の実感が存在したという意味で、似たような経験の繰り返しだったのである。

生と死の激烈さとその反転を同時空間において実感したいというヘミングウェイの欲望と経験は、現在のコロナ禍や戦争における生と死をめぐる「不条理」な状況を、一世紀近くも前に先取っていたように見えないだろうか。

〔2022・6・10〕

無を有にする言葉の力

大橋純一

人の集う所には必ず言葉が介在する。その言葉は本来、人や社会で広く共有されるものでもある。たとえば共通語のように、誰もがそれとわかる言葉は物事の円滑な理解・伝達に寄与するし、それこそが言語の存在理由であるともいえる。しかし一方、志や嗜好を同じくする者が集うと、それに即して言葉はたちまち個別化する。そのような場では、共通語とは異なり、むしろ特定の間柄でのみ通じ合える言葉であることが重要となる。つまり、言葉は単に意味を伝え理解する媒体にとどまらず、自分の拠《よ》り所《どころ》や相手との関係性を測る重要なバロメーターとしても働くのである。

その意味において、方言や若者語は、それぞれの集いの中で形成されたきわめて個別性の高い言葉である。秋田県民は、日常の中で「んだんだ」（本当にそうだ）、「なんもなんも」（いやいや）と言葉を交わすことで〝秋田らしさ〟を共有し、自分の拠り所が確かにこの土地に在《あ》ることを実感するに違いない。また若者は、「ぴえん」（ちょっと残念、悲しい）、「とりま」（とりあえずまあ）といった固有の言葉を言うこと（言わないまでも分かること）で、自分がその世代・コミュニティーの一員であることを確認するのである。ともあれ、それぞれの集いの場で言葉が生じ、それによって各々が個別の帰属意識を持ち、心から「あー、言えたぞ、分かり合えたぞ」と思える言葉が在るというのは、大変に有意義なことだというべきであろう。

以上は人が言葉を創造するという話であるが、言語学では逆にその言葉が世界を切り取り、顕在化させると考える立場がある。「言語が世界を分節する」と言ったフェルディナン・ド・ソシュール（一八五七～一九一三年、スイスの言語学者で『近代言語学の父』と呼ばれる）の言説

がそのひとつである。この立場に立つと、言語は単に実在の物を代用する記号ではなく、言語の側が物を実在たらしめ、新しい世界を創造しているということになる。ここで私が話題にしたいのは、実はその立場のことである。

一例として、才色兼備の女性（主として中年以降）を指す「美魔女」という言葉を取り上げてみる。断っておくが、ここではこの語の是非や評価に関することを議論するものではない。考えたいのは、そこにどういう価値を置くにせよ、この言葉が在ることによって、これまで誰の手にも触れられなかった対象に形が与えられ、今や誰もが共通に認識できる概念世界が紛れもなくそこに在るということである（まさに右の挿絵のごとくに）。つまり言葉が世界を切り取り、顕在化させたのである。

このように、言葉を通して事物の存在と認識が生まれるという言語観は、思い返せば日々の生活の中で、誰もが経験的に自覚し得ることではないだろうか。

たとえば難局に直面したとき、われわれが「大丈夫、できる！」と言葉に表すのは、輪郭のはっきりしない現状の不確かさに何か形を見いだそうとする言語行為にほかならない。また受験や大会に向けて目標とする言葉を壁に張り出し、士気を高めるといった言語行為も、同じく視界のはっきりしない自分の行く末を言葉により〝見える化〟しようとする営みだと受け取れる。念ずれば（言葉にすれば）通ず――。要は言葉によって自分の進むべき対象が明確に浮かび上がり、認識され、それを口にし続けることで現実の形となることが、言語生活においては多々観察されるのである。

話が少し散漫になったが、以上には、まずは人の集いが言葉を形成すること、かつ小集団での分かり合える言葉を生むことの効用について触れた。次にそれとは逆に、言葉が新しく世界を生み出す側面のあることを確認した。

残念ながら、今はコロナ禍にあって、人の集いや語らいそのことが大きく制限される時世である。しかしそうであればこそ、これまで見てきたような言葉の持つ力が、（言葉が既存の事物を代用すると考えるにせよ、新しい世界を生み出すと考えるにせよ）社会全体で共有されることが必要である。言葉というものが、この時代を人間らしく、より良く生きるための、ひとつの切り口となることを願うものである。

〔2022・6・17〕

ドイツ文学に描かれたウクライナ

中村寿

中・東欧は多民族が共存する空間、諸民族の集いの場である。しかし今、不幸な戦争の結果、諸民族が集えるはずの場所がそうではなくなってしまっている。以下ではドイツ文学を素材として、中・東欧の歴史を振り返ってみたい。きっとわれわれの国際理解にも有益なはずだ。

かつてウクライナの一部はドイツ語圏に含まれていた。オーストリア帝国は第一次ポーランド分割（一七七二年）を通じて現在のウクライナ西部とポーランド南東部にあたる地域を獲得すると、新領土をガリツィアと名づけた。ここは主にポーランド人とウクライナ人によって構成される多民族社会であったが、前者が後者を支配する格差社会でもあった。ガリツィアは第一次世界大戦（一九一四〜一八年）でオーストリア＝ハンガリー帝国（＝二重帝国）が敗北し、継承諸国のチェコスロバキア、ハンガリー、ポーランド、オーストリア、ユーゴスラビアへと解体されるまで、百四十六年間にわたって存続した。

ガリツィア出身のユダヤ人で、ドイツ語で執筆した小説家ヨーゼフ・ロート（一八九四〜一九三九年）の代表作に『ラデツキー行進曲』（一九三二年、邦訳は岩波文庫）がある。題名はオーストリア帝国の栄光をたたえたヨハン・シュトラウス一世の代表曲から採られた。小説の主人公はトロッタ一族の三世代。祖父・父・息子の世代を経ても変わらぬ祖国＝二重帝国への忠誠がテーマである。

　祖父は戦場で若き皇帝フランツ・ヨーゼフ一世の盾となる。この勲功が認められ、救国の英雄として貴族に叙せられた。父はとある行政区の郡長となり、土地における祖国の代理人として領土の管理に当たる。息子は軍人となり、陸軍少尉として第一次大戦の対ロシア戦で戦死する。

1914年のガリツィア(実線内)と現在の国境(破線)

軍人最高の栄誉は祖国のための死だが、息子の死に方は英雄の死からはほど遠かった。彼は味方のために井戸水をくんだところで狙撃され、バケツをもったまま水をかぶって死ぬのである。トロッタ三代の運命は祖国の栄光と崩壊に対応していよう。

　少尉の死はロートによる反戦メッセージとも取れるが、それだけでない。小説はロートにとって故郷の喪失を埋め合わせることでもあった。戦後のガリツィアは一時ポーランド領となるが、ドイツ語作家のロートにはオーストリア国籍が必要だった。新政府はユダヤ人に国籍を与えなかったため、彼は出自を詐称し続けた。根無し草となった彼はルーツ喪失への癒やしを故郷の記憶に求めたのだ。

ロートが二重帝国への愛惜を募らせる背景には、諸民族の平和を懐かしむ想いがある。ガリツィアは多民族社会であったとはいえ、民族格差が甚大であったことから、諍《あらそ》いは日常のできごとだった。実際のところ、諸民族の和平が実現したことはなかったにもかかわらず、彼が多民族国家を祖国と定め、愛する理由を説明するためには、その後の中・東欧の歴史とユダヤ人としての彼の同一性を踏まえる必要がある。

帝国を引き継いだのは、民族を単位として建国されたいわゆる国民国家である。継承諸国の領土にはドイツ人やユダヤ人などが取り残された。継承諸国は少数民族の自民族化、民族と国家の一体化を進めなければならなかった。ドイツでは、国民は同一の国家・言語だけでなく、同一の宗教から構成されるというスペイン異端審問時代の呪いが蘇る。

一九三〇年代、ナチスの登場により、ユダヤ人ロートの居場所はなくなった。戦間期に比べたら、戦前のユダヤ人はまだ幸せだったのだ。ガリツィアへの郷愁を募らせつつ、ロートは平和を諸民族の集い、多民族国家に求めるようになっていったに違いない。

戦争は人々から故郷を奪い、昨日までの隣人を敵にする。現在のロシアの侵攻により、ウクライナの多数の人々が故郷を奪われ、心身に深い傷を負ったことは、想像に難くない。筆者は、彼らに癒やしの日が訪れることを願わずにはいられない。そして、いつかウクライナ国家の庇護《ひご》のもと、この地にかつてロートが夢に描いたような諸民族の集い＝平和の日が訪れることを願っている。

〔2022・6・24〕

故郷喪失を小説と唱歌にみる

山﨑義光

一九一四（大正三）年夏、夏目漱石『こころ』が新聞連載（四月二十日〜八月十一日）を終えようとしていた。その頃、ヨーロッパで戦争が始まった。第一次世界大戦である。日本も宣戦布告、秋にはドイツの租借地、中国の青島《チンタオ》を攻略した。

その年の十二月十八日、東京駅の開業祝賀会が開かれた。駅舎の中央から伸びる道は皇居に向かう。周辺には企業、日本銀行、官庁などが集まる。国土を中央と地方に構造化した鉄道網の中心駅であるとともに、国家の中央を象徴し偉容を誇る建築物の一つだった。

祝賀会は「凱旋《がいせん》将軍歓迎会」とともに開催された。『東京駅開業祝賀会及《および》凱旋将軍歓迎会報告書』（国立国会図書館蔵）にはこの時の概要が記録され、東京市長はじめ渋沢栄一ら財界人、陸海軍の将軍が並んだ写真が付されている。太神楽《だいかぐら》、仁和賀《にわか》、剣舞《けんばい》、活動写真、素人相撲などの余興もあり、多くの大衆が集まった賑やかなお祭りだったことがうかがえる。

当日駅で歓迎されたのは青島攻略を指揮した神尾光臣《かみおみつおみ》中将である。有島武郎《たけお》の妻安子の父だった。このとき安子は肺結核を発症していた。三人の息子たちに感染しないよう療養し、会えない

開業直前の東京駅と皇居へ向かう道（東京駅開業祝賀会及凱旋将軍歓迎会編『東京駅開業祝賀会及凱旋将軍歓迎会報告書』1915）

まま一九一六年に二十七歳の若さで亡くなった。長男（のちに映画俳優となった森雅之）は満五歳だった。有島はこの頃のことを息子たちへ向けた小説「小さき者へ」（一八年）に書いた。有島も二三年に女性記者と心中し、息子たちは幼くして両親を失った。

国土に張り巡らされた鉄道は人々の移動を活発化していた。一九一四年は文部省唱歌「故郷《ふるさと》」が歌われるようになった年でもある。「兎追いしかの山／小鮒釣りしかの川」「志を果《はた》して／いつの日にか帰らん」と、生まれ育った地を離れた人の立場で里山の情景を歌い、人びとの郷愁をつかんでその後長く親しまれた。

故郷をモチーフにした歌はそれまでにも数多くあったが、唱歌「故郷」は特定のどこということのない抽象的で典型的な情景の詩句によって国民的な支持をえた。「ふるさとは遠きにありて思ふもの／そしてかなしく歌ふもの」の詩句で知られる室生《むろう》犀星《さいせい》「小景異情　その二」も一九一三年に発表されていた。故郷は、遠く離れた場所で現実の不如意や孤独、喪失の哀感に裏打ちされた「夢」の「忘れがたき」場所としてこそ人びとの心を捉えた。

　漱石の小説『こころ』は、おもな登場人物たちが地方の家郷から東京へ出ること帰ることを物語展開の重要な要素とする。冒頭、大学生の「私」が鎌倉の海岸でのちに「先生」と呼ぶ人物と出会う。私は先生に私淑し交流を深める中で先生の過去を訊《き》き出すにいたる。私が大学を卒業し地方の生家へ戻って危篤の父の枕頭にいたとき、先生から遺書らしき手紙を受けとる。迷った末に飛び乗った東京行き列車の中で手紙を読んだ。そこには先生とKが棄郷した経緯、お嬢さんへの恋、Kの信条と告白そして自決、その後「黒い影」を抱えて生きてきたことが記されていた。Kも先生も、国のためでも家のためでもない、個人の誠実で公正な生き方を、故郷を失った寄る辺なき孤独な「こころ」に準拠して堅持し蹉跌《さてつ》した人物として描かれた。

夏目漱石（1867--1916）

　戦勝記念と重なった東京駅開業祝賀会は大日本帝国の歴史が新たな段階に入る節目となった。民本主義が唱えられ大正デモクラシーの機運が高まって大衆・市民社会への移行が進み、関東大震災（一九二三年）後にはモダン都市の大衆文化が華開く。しかし世界恐慌後の一九三〇年代には対外関係の悪化から、満州事変（三一年）を皮切りに十五年戦争に入る。大衆は国民として総動員され、日中戦争、太平洋戦争、敗戦へ至った。

現在の目から見れば、東京駅開業と凱旋の「祝賀」はその後の日本の大きな蹉跌の始まりだったように思える。一九一四年に東京駅で鳴りひびいた汽笛は、寄る辺なき個の自律と孤独、他者への信頼と不信が交錯する時代の始まりの合図でもあった。二十世紀の歴史を省みて、二十一世紀の現在は覇権や繁栄よりも持続可能性が、個の自律とともに他者との協調と支え合いの方途が問われている。

〔2022・7・1〕

コロナ統制下の祭りの可能性

小倉拓也

狂気は、正気からの逸脱であるがゆえに一般に忌むべきものとされる。しかし、人類の歴史において、狂気は社会の存立にとって不可欠な役割を演じていた。例えば古代ギリシアでは、狂気は神の働きかけによるもの、神的なものと考えられ、預言や祭りなどの社会的に重要な営みにおいて絶えず必要とされたのである。

古代ギリシアにおいて預言を行ったのは、ピュティアと呼ばれる巫女である。ピュティアは、月桂樹を噛むなどして脱魂状態、トランス（人事不省）状態に入り、神からこの世ならざる知を受け取り、語ったとされる。このような狂気による預言は、古代社会において文字どおり明日を占うもの、社会を左右するものだった。

これを野蛮な習慣と切って捨てることはできない。人間の知は有限であり、未来を正確に知ることができない以上、その不安を埋めて何かを決断するためには、未来を大胆に約束するものが必要だからである。不確かな世界に何か確かなことを当て込むことなしには、それに立ち向かうことはできないのである。

モーリス・ドニ画《バッカス祭》（石橋財団アーティゾン美術館蔵）

約束の本質は、不安で身動きが取れない状況に、決断する勇気をもたらすことにある。それが果たされるかどうかは重要ではない。エビデンス（根拠）のある、果たされることが確実な約束しか許されないのであれば、できる約束などほとんど存在しない。約束するには、そんな正気の沙汰を踏み越えなければならないのである。

祭りもまた、狂気による営みだった。しかし、預言の神が知と安心を司《つかさど》るアポロンであるのに対して、祭りの神は無知と解放を司るディオニュソスである。祭りは、過去に囚《とら》われ未来に怯《おび》える人間たちを現在に没頭させ、恍惚《こうこつ》状態、エクスタシー状態のなか、何もかも、自分自身さえも忘却させることで、人間たちを自由にした。

アポロン的な預言の狂気が、選ばれし預言者の卓越した素質の賜物《たまもの》であり、ときに権力に資するものだったのに対して、ディオニュソス的な祭りの狂気は集団的なものであり、身分の違いをかき消しながら、人々に伝染し、人々を結集し、ひとつにした。ディオニュソスは異邦の、外来の、開かれた神であり、支配者ではなく民衆たちの神である。

祭りの狂気は、集団的な破壊と変化の力である。それだけが人間たちを、そして社会を、鬱屈《うっくつ》や不安によって破綻しないよう新生させ続けるのである。この狂気は、預言の狂気とともに、有限な知しか持たない人間がその苦しみに耐え、緊張に満ちた社会をそれでも存立させるために、不可欠な役割を演じたのである。

しかし、例えば哲学者のニーチェも鋭敏に看取していたように、アポロン的な狂気は、エビデンスを積み上げる狭隘な未来予測に場所を譲り、不確かな未来を大胆に約束する力を失うようになった。そして、それとも相まって、ディオニュソス的な狂気は、不満を適度にうやむやにする、コントロールされたガス抜きの装置に取って代わられ、集団的な破壊と変化の力は影をひそめるようになった。

このこと自体は人類の数千年の歴史の問題であるが、とりわけ私たちの社会の、人々が集うことを禁じられ、日々上下する数値を目で追ってばかりの二年半は、まさに「狭隘《きょうあい》な未来予測とコントロールされたガス抜き」を、「新しい日常」として、つまり「正気の沙汰」として前景化し、定着させたように思われる。

二年半ぶりの「許可された再開」は、実は「統制された動員」と別のものではない。そうやって集う人々に歓喜する私たちは、それが白でも黒でもない灰色の日常への適応でもあるということを忘れてはいけない。死に体となって久しいディオニュソスは、しかし断固として要求するだろう。人々の集いを、許可や統制から奪還せよと。楽しみ、そして破壊せよと。

〔2022・7・8〕

秋田藩における清酒の広まり

渡辺英夫

いまを去る四百年前、当時の平均気温は今より低く、秋田に移ったばかりの常陸武士たちは、分厚く凍る水堀に城の備えを案じたに違いない。そのころ、重臣梅津政景《うめづまさかげ》は、秋田の領民が盛んに飲酒するさまを知り、百姓を慰労し、冬の寒さをしのぐのに酒はなくてはならぬものと日記に記し、百姓たちの飲酒を肯定的に受け止めていた。そのときの酒は言うまでもなく濁酒《にごりざけ》で、酒は飲むのではなく「たべる」ものだった。

その後、代を重ねると、盛んな飲酒の慣行から秋田藩は他藩に例を見ない独自策を打ち出すことになる。醸造量に応じて酒造業者に営業税を課したのは当然だが、「麹室役《こうじむろやく》」といって酒麹を扱う麹屋にまで課税したのである。領民の濁酒造りは広くおこなわれ、城下町久保田や武士が集住する小城下町に限らず、麹屋は領内あちこちにあったから、これはかなり有効な財源となった。

初代藩主佐竹義宣は、幕府役人の接待用に家臣を上方《かみがた》に派遣し南都諸白《なんともろはく》とよばれた高級な清酒を国許秋田に取り寄せさせている。また、政景など上級武士たちも酒を常備し、上士相互に酒を饗応し合っていた。江戸時代、酒屋は販売店ではなく醸造業者のことで、上級武士たちは酒屋か

『秋田街道絵巻』の八橋部分。手前に武士が描かれている。

ら樽入りの酒を取り寄せ、接待用だけでなくハレの儀式などには陪臣たちにも振る舞っていた。だが、江戸時代になってしばらくは、おそらくそれは濁酒で、まして一般の武士が清酒を普通に飲めるようになるのはかなり後になってからだった。

　まず、参勤交代で江戸に上った武士たちは江戸で味わった清酒の味が忘れられず、国許でも飲めないものかと考える。するとその要求を受けた秋田の商人は上方から清酒を仕入れ、地元の酒屋も清酒造りに励んでいく。やがて十八世紀前半、享保の頃までには醸造技術が向上し、秋田でも清酒を造れるようになり、久保田城下をはじめ領内の小城下町にも清酒の蔵元が増えていった。

宿場町でも城下町でも、客を泊める宿屋では酒を提供していたから、その酒も次第に清酒へと切り替わっていった。だが、城下に暮らす武士が集って宿屋に出かけ、にわかに飲酒したとは考えがたい。儒教倫理に照らし封建的価値観から藩士が集まって城下の町人町で飲酒するようになるには今しばらくの時間が必要だった。十八世紀後半になっても上級武家に仕える奉公人たちは、生まれ育ちが百姓だったから自分たちで濁酒を造って飲んでいたし、一般の藩士もおそらくはまだ濁酒を自分の家で愛飲していたのではないか。

その一方、上級藩士は酒屋から清酒を取り寄せるようになる。それは一斗（一八リットル）か四斗（七二リットル）入りの樽酒で、一般の藩士にはたやすく買える値段ではなかったから、どうしても清酒を飲みたくなると、酒屋に行ってその場で飲ませろと迫るしかなかった。十八世紀末、天明・寛政の頃には、藩が禁じたにもかかわらず、夕暮れ時に城下の酒屋を訪れた武士が「飲ませろ」と迫って悶着となる事件が問題になっている。

十九世紀に入り文化年間になると、家督を継いだ藩士が初出仕といって、初めて職に就いたり、役代わりして別の職に異動したりすると、職場の上司や同僚の士たちを八橋《やばせ》の茶屋に招いて接待することが流行っている。城下町を憚《はばか》り、そこから少し離れた八橋茶屋に接待の場を設け、酒宴に興じたとみられる。こうした藩士たちの飲酒は、藩指導部から見れば風紀の乱れでしかなかったから、禁止令が出されたのは当然だった。だが、この禁令が繰り返し出されたところを見ると、接待の酒が止むことはなかったらしい。

清酒を飲む機会が増えると、家でもそれを飲みたいという要求が高まってくる。それに応えたのが一升徳利《とっくり》だった。洗えば何度でも使える徳利は少量の量り売りに便利で、これが普及すると清酒を買って帰り、家でも飲めるようになる。そして、最初は他領から仕入れていた徳利も、やがて秋田でも焼けるようになるが、それは幕末近くになってからだった。

しかしその頃になっても領民や奉公人たちが飲んでいたのは相変わらず濁酒で、秋田に清酒が広まるのは思いのほか遅い。秋田の現実は、時代劇とは少し様子が違っていた。

〔2022・7・15〕

韓国・済州島にみる墓と人々

髙村竜平

すべてのひとはいずれ死ぬ。しかし死者は単純に消えていく存在ではない。死者は、死者として、先祖として社会の中に存在し続ける。社会学者の中には、物理的には存在しなくても、象徴的な基盤を持って社会に存在するこの「死者」というカテゴリーの発見を、人間性つまり動物と人間とを分けるメルクマールとしてあげるひともいる（内田隆三『消費社会と権力』、岩波書店、一九八七年）。

日本でも仏壇や位牌《いはい》のように、死者をあらわす象徴的なモノがあるが、そのなかでも墓は社会的に大きな意味を持つ。墓は屋外に設置され、死者をある場所に固定するため、家族以外の人々とも関わりを持たざるをえないからである。

日本とは異なり、土葬して一人ひとつ（あるいは夫婦一組にひとつ）の土《ど》まんじゅうをつくることが葬法の主流だった韓国では、墓の存在はさらに大きなものであった。ここでは、筆者が調査してきた韓国の済州島を舞台に、墓をめぐる人々の集まりとその変化について紹介していきたい。

済州島における墓にかかわるもっとも重要な行事は、「伐草」あるいは「掃墳」と呼ばれる、墓の草刈りである。韓国では旧八月十五日の「秋夕」（日本のお盆にあたる）に自宅で先祖祭祀《さいし》を行うが、これに先立って旧八月一日ごろに父系の祖先をともにする人々が集まり、墓の草刈りをしてまわる。草刈りへの参加は一族のメンバーの義務と考えられており、欠席した人物はタオルなどを配ったり、寄付金を出したりすることもある。「お盆には帰らなくても草刈りには帰らないといけない」という言い方があるほど、重要な行事である。

ソウルや釜山、さらに日本など島外に住む親族も多いが、たとえば済州島出身者が多く住む大阪からは、かつて草刈りの時期に合わせて臨時の航空便が設定されていたともいう。

個人墓の草刈り（済州島にて筆者撮影）

一九八〇年代までの済州島では、農地や山野に墓を設けることが普通であった。そのため、草刈りの際はあちこちに点在する墓を忙しくまわらなければならない。自動車や草刈り機を使うことがあたりまえになったとはいえ、勤め人も増え、草刈りに長い時間をかけることが難しくなった。また、観光地化による地価上昇の影響や政策的な制限もあって、墓地として指定された区域以外に墓を作ることも難しくなってきた。そのため近年では、一族の墓を集めることが盛んである。一カ所に集めて「家族共同墓地」とすることで、移動の手間が省けるというわけである。

また最近の韓国における大きな変化として、火葬の急速な拡大があげられる。朝鮮王朝時代(一三九二〜一九一〇年)に導入された儒教では、土葬することが「孝」の実践として重要視され、独立した韓国でも土葬が中心であった。

しかし一九九八年以降、墓地の不足を解決するなどのために火葬が国策として推進されるようになる。当時二〇%台であった火葬率が二〇〇八年度に六一・九%、一八年度には八六・八%を記録している。済州島は火葬率が相対的に低い地域であるが、それでも一八年度は七三・四%である。火葬後の遺骨は、個人単位の納骨堂や家族単位の納骨堂に納めるもの、散骨するものなどさまざまで、火葬したうえで先に述べた家族共同墓地を作ることもある。

少子高齢化・人口の流動化・地価の上昇など、さまざまな社会状況の変化が、墓の在り方に影響を与えている。一方で、死者が死者として社会の中に位置づけられることは変わらない。その位置づけ方が、社会の変化に伴って変わってきているのである。済州島の人々は、急速に変容する社会状況の中で、墓の在り方をめぐって試行錯誤している。

墓や葬送は、変わりにくい伝統文化として扱われがちだが、じつは社会の変化を敏感に反映して、変わっていくものでもあるのだ。それは日本でも同じであろう。

〔2022・7・29〕

ソビエト・ミュージカル映画の「祝祭」空間

長谷川章

二十世紀、テクノロジーの発展により、人々が集う祝祭空間は現実だけではなく、映画などバーチャルな形でも世界中に拡大した。ここでは、人気ジャンルだったミュージカル映画が、映画産業の中心地米国と対極にあるソ連で、どのように展開したか振り返りたい。

トーキー技術発明後の一九三〇年代、米国産ミュージカルは世界中で熱狂的に受け入れられる。だが、当時の有名作でも、豪華な映像と音楽で観客を圧倒しながら、差別などの社会問題は無視していることが多々あった。観客がミュージカル映画の祝祭的興奮に酔いしれる時、実は何かが隠蔽《いんぺい》されているのかもしれないのだ。

ソ連でのミュージカル映画の導入は、米国以上に隠蔽を図るためのものだった。一九三二年、駆け出しの映画監督アレクサンドロフは作家ゴーリキーの別荘に突然招かれる。彼は「戦艦ポチョムキン」（一九二五年）で有名な前衛映画監督エイゼンシュテインの弟子であり、師と共に欧州・米国・メキシコで活動し帰国した直後だった。別荘には政治指導者スターリンも現れ、アレクサンドロフに、大衆は楽天的な芸術が好きなのに芸術家はそう望まないと訴える。

ソ連時代のミュージカル映画（VTR・DVDのジャケット）。左から「ヴォルガ・ヴォルガ」、「アイボリート66」、「豊かな花嫁」。

これを受け、米国で映画製作の現場を学んだアレクサンドロフは、「陽気な連中」（三四年）を皮切りに「サーカス」（三六年）「ヴォルガ・ヴォルガ」（三八年）のような、大衆受けのする娯楽的ミュージカルを撮り始める。彼に遅れプィリエフもウクライナが舞台の農村ミュージカル「豊かな花嫁」（三七年）などを製作する。

こうした作品に人々は熱中したが、政府側は、映画内の明るく賑々《にぎにぎ》しい世界はソ連の楽天的な現実の反映だと国民に信じ込ませようとしていた。当時のミュージカルは「楽天的現実」の名の下、農業集団化の強制によって引き起こされたウクライナやロシア南部の大飢饉《ききん》、スターリン独裁体制確立のため実行された大粛清という、同時代に起きた悲惨な事態を隠蔽するのに貢献したのである。

スターリン死後のソ連後期には映画はもっと多様になる。スターリン期ミュージカル映画は同時代のソ連を舞台とするのが主だった。だが、ソ連後期は、歴史的過去や非現実なファンタジーの世界が多くなる。特にファンタジーは、個人が秘かにソ連の現実から逃避するための隠れ家のような役割も果たした。その中で斬新な作品も登場する。

ウクライナ出身のブィコフ監督「アイボリート66」（六六年）はソ連の作家チュコフスキーが英国のロフティング「ドリトル先生」に想を得た作品の映画化である。驚くのは、映画全体がミュージカル映画とは何かを作品自体の中で問いかける作りになっている点だ。

通常の映画では音楽は画面の伴奏にとどまる。一方、ミュージカルでは音楽が優位で画面はその視覚化に従い、画面と音楽の主従は逆転する。「アイボリート66」冒頭は暗闇の音楽から始まり、その音楽を直接視覚化したような抽象図形が画面に広がる。さらに「作者」が登場し、ミュージカルは虚構だと暴露する。その後、作品内の舞台ではスタッフが主人公の乗る船を建造し、船は舞台に設置したスクリーン中の「実写」の海へ出航し、本編が始まる。

芸術が現実の再現でなく約束事に基づく虚構だとの考えは、スターリンが弾圧したエイゼンシュテインらの一九二〇年代前衛芸術運動に由来する。こうした虚構性と自由に戯れるような遊戯精神がスターリン後に復活したのである。

実は「アイボリート66」は中盤が冗長で必ずしも成功とは言えない。だが、ブィコフは以降も注目作品を監督する。俳優活動も目覚ましく、ペレストロイカまで公開禁止となった問題作、ゲルマン「道中の点検」（七一年）のパルチザン隊長役では人生の悲哀を伝える名演技を見せた。

ソ連は抑圧的国家だった。だが、その時代に映画人は少しでも良心的な作品を作ろうと懸命の努力を重ねた。いまウクライナを侵略するロシアの政権は国内に向けても言論弾圧を強化し、ロシアの芸術は闇に沈んだかのようだ。しかし、ソ連の映画史を改めて振り返るならば、現在の映画人・芸術家にも、過去の歴史に学びつつ良心的であろうと苦悩している人たちは必ずいると思えてくるのである。

〔2022・8・5〕

百年前のフランス「祝宴の時代」と現代

辻野稔哉

フランスの「ベル・エポック」を「祝宴の時代」と呼んだのは米国の仏文化研究者ロジャー・シャタックだった（『The Banquet Years』一九五八）。フランスでは、諸説あるものの、十九世紀から二十世紀への変わり目、一九〇〇年の前後十五年ずつを合わせた三十年を、後の時代から振り返って「ベル・エポック（美しき時代）」と呼び習わしている。この時代には、文化芸術のみならず科学技術においても、さまざまな「近代」が表面化し、一九〇〇年のパリでは五度目の万国博覧会がオリンピックと同時に開催された。

詩人・評論家のポール・ヴァレリーはこの時代を振り返って、「精神的産物の極端なまでの多様さ、相互に矛盾する衝動の並存は、あの時代のヨーロッパの首都の夜の常軌を逸した照明を思わせるものだった」（恒川邦夫訳）と一九一九年に発表した「精神の危機」に書いている。

文学の世界に限ってみても多種多様な小雑誌が登場し、編集部主催の集いも盛んであった。中でも『ラ・プリュム（La Plume）』誌が定期的に開いていた夕べの会〈ソワレ〈soirée〉〉は、若手の登竜門として有名となる。若き詩人や作家たちは、自作を持ち寄っては発表し、語り合った。

そうした切磋琢磨《せっさたくま》を通して、やがて彼らが有力な書き手となり、あるいは大御所たちとの宴席にも招待されるようになって、名を上げていったのである。

そのようにして有名になった詩人の一人がギョーム・アポリネールである。ピカソの友人としても知られるこの詩人は、モンマルトルの芸術家たちが集ったあの「洗濯船」の一員でもある。彼らがまだ無名であったアンリ・ルソーのために開いた祝宴は、古き良きパリのボヘミアンたちの伝説となっている。

パリでは仲間同士でカフェに集い、様々な集会や宴を開く文化が古くから根付いているが、「ベル・エポック」の時代は、そうした文化がひときわ多彩な姿を見せたのであった。後年、アポリネールは、カフェ・ド・フロールで自らの雑誌を立ち上げるが、その名を『ソワレ・ド・パリ（パリの夕べ）』としたことがまさに時代を象徴している。

ベル・エポックの雰囲気を伝えるキャバレー「ムーラン・ルージュ」のポスター

無論、「ベル・エポック」という呼称は、後の世につけられたものである。歴史学者ドミニク・カリファによれば、この呼び名の定着は一九四〇年代のナチス・ドイツ占領下にプロパガンダとして作られたラジオ番組「ああ！　ラ・ベル・エポック！」が実質的なきっかけとみられている。

一九〇〇年代のシャンソンを中心に編成されたこの番組は、占領者にとってはパリの通俗的なイメージとして消費しやすく、非占領者にとっては傷ついた国家像を慰撫《いぶ》するものとして成功を収めたのだという。

従って、ヴァレリーが最初の世界大戦とインフルエンザ・パンデミックの直後に、異種混交性や矛盾の併存をすでに回顧的に語っていること自体が意義深いが、彼はさらにその後、一九三四年の「独裁について」という評論において、「《大量生産》の行き過ぎなどによって、人々はある種の組織で作られる製品の様に、趣味や娯楽に至るまで、互いに似たりよったりの存在に還元されてしまった」(恒川訳)と述べている。

結局「ベル・エポック」とはヴァレリーが危惧を抱きつつ書いている、均質化の果てのポピュリズム的イメージに過ぎないのであろう。一方で、こうした経緯をたどることによって、「ベル・エポック」という言葉の流布以前にヴァレリーが感じ取っていたもの――「あの時代」の「宴」が持っていた多様性に対する喪失感――は、失われた時代への屈折した憧れと、今まさに失いつつあるものへの危機意識を我々にももたらさないだろうか。

「ベル・エポック」は決して単なる古き良き時代などではなく、常に問い直し続けるべき「過去への眼差し《まなざ》」の問題をめぐる、危うい「虚構」なのである。

〔2022・8・12〕

天安門広場という政治装置

羽田朝子

天安門広場は、中華人民共和国の首都北京の中心部に位置している。広場の北にある天安門には毛沢東の肖像が掲げられ、国家的儀礼の際には、人民解放軍や民衆による統制されたパレードが盛大に開催される。まさに中国共産党の一党独裁体制を象徴する空間といえよう。

広場の起源は明清時代にさかのぼる。天安門（明代は承天門）は皇帝の居城である紫禁城（現・故宮博物院）の南門に当たる。この南門と、その南に広がる官庁群によって細長い空間がつくりだされていた。これが現在の天安門広場の原型である。王朝時代もここで各種の儀礼が執り行われたが、壁に囲われていたため民衆が立ち入れない禁地であった。一九一一年の辛亥《しんがい》革命で帝政が崩壊すると、民衆が自由に集まれる空間となり、北京の知識人や学生によるデモ活動がたびたび行われた。

この無名の空間は、一九四九年に中華人民共和国が成立すると、国家的な場として大きく変貌を遂げる。政府は天安門の南に残っていた門や建物を撤去して空間を広げ、四四万平方メートルの広大な長方形に整備した。約四十万人を収容でき、集会を目的とする広場としては世界最大である。天安門前を東西に走る長安街と合わせて、最大百万人の集会が可能だという。このような広大な広場は、各国の首都にも存在している。国家の正統性は国民の支持と、国際社会の承認によってもたらされる。そのため国内外の人々が集い、国家への支持が可視化される空間が必要なのである。

天安門広場では、中国共産党政権の正統性が、さまざまなシンボルを複合的に用いることによって演出されている。広場が整備された当時、中国にとってソ連があらゆる面でモデルとなっていた。そのため広場と建物の配置は、明らかにモスクワのクレムリン前に建造された赤の広場が参照されている。広場内外に建設された巨大なモニュメント群にも、中国の伝統的な建築様式のほか、ソ連様式が取り入れられている。

さらにアメリカのワシントンＤＣのナショナル・モールも強く意識されている。人民英雄紀念碑にはワシントン記念塔、毛主席紀念堂にはリンカーン記念堂からの影響も見られるのである。その一方、かつての王都の空間配置も継承している。都が置かれた明代から、北京では紫禁城を中心として南北に貫く中軸線が置かれた。この軸線に沿って皇帝による王権儀礼が行われたため、中軸線は皇帝そのものをも象徴していた。

天安門広場ではこの中軸線上に、三つの国家的モニュメントが一列に並ぶよう配置されている。国旗とその掲揚台、革命運動に殉死した烈士を記念する人民英雄紀念碑、そして毛沢東の遺体を永久保存する毛主席紀念堂である。さらに中軸線を挟み、中国国家博物館と人民大会堂が東西に対称をなして配置されている。

明清時代にあっては天安門の楼上から皇帝の詔書が発布されたが、中国共産党政権下では政府指導者がその楼上に立って演説を行う。王都を継承した広場の空間配置とも相まって、その姿を皇帝と重ねるのはたやすい。

天安門広場は、権力の正統性を物語る空間であるため、それに抵抗する運動の拠点ともなった。一九八九年の天安門事件では、民主化を叫ぶ学生たちによって広場が埋め尽くされた。彼らはニューヨークの自由の女神を模した「民主の女神」像を運びこみ、天安門の毛沢東の肖像と対峙させた。まさしく共産党政権の正統性を揺るがす行為である。女神像は政府によって破壊されるものの、国外の民主化運動の支持者によって世界各地でレプリカが作られ、息を吹き返すこととなる。

天安門広場配置図

中国国内では現在でも天安門事件に関する報道はタブーであり、厳しい情報統制がなされている。香港では事件以来、毎年六月四日の記念日には天安門広場を模した仮設の広場が設置され、犠牲者追悼集会が開催されていたが、二〇二〇年の民主化デモ鎮圧後は開催が不可能になった。北京の広場は現在、多数の警備兵が警戒し、たびたび入場規制が行われている。

天安門広場で過剰なまでに国家の正統性を演出し、それを守ろうと躍起になるのはなぜなのか。おそらくは、それがいかに揺らぎやすいかを、共産党自身が知っているからなのであろう。

〔2022・8・19〕

グローブ座という融和の器

佐々木和貴

一五九九年、ロンドンのテムズ川南岸にグローブ座という新たな劇場が建った。Ｇｌｏｂｅとは地球・世界という意味だが、シェイクスピアの名作が次々と上演されたため、そこはまさに世界を映しだす劇場となった。照明も背景もない簡素な張り出し舞台を「平土間《ひらどま》」と呼ばれる立見席が囲み、さらにその周りを三層の桟敷《さじき》席が取り囲む構造で、収容人数は三千人を超えたと言われている。

ではそこに集ったのは、どのような人たちだったのだろう。まず、青天井の平土間には、一ペニー払えばだれでも入ることができたので、徒弟とよばれる十代後半から二十代前半の若者たちが大勢詰めかけていたようだ。彼らは安い賃金で技術習得のために親方の下で働いており、当時の熟練工の日給一シリングの十二分の一という手頃な値段で楽しめる観劇は、彼らにとって最大の娯楽だったのである。また平土間には職人、人夫、荷馬車屋などの労働者階級に加えて、売春婦、スリなども紛れ込んでごった返していた。そのなかを売り子が、オレンジ、ナッツ、瓶ビールなどを売り歩くのだから、今なら野外のロック・コンサートのような、熱気に満ちた、そして

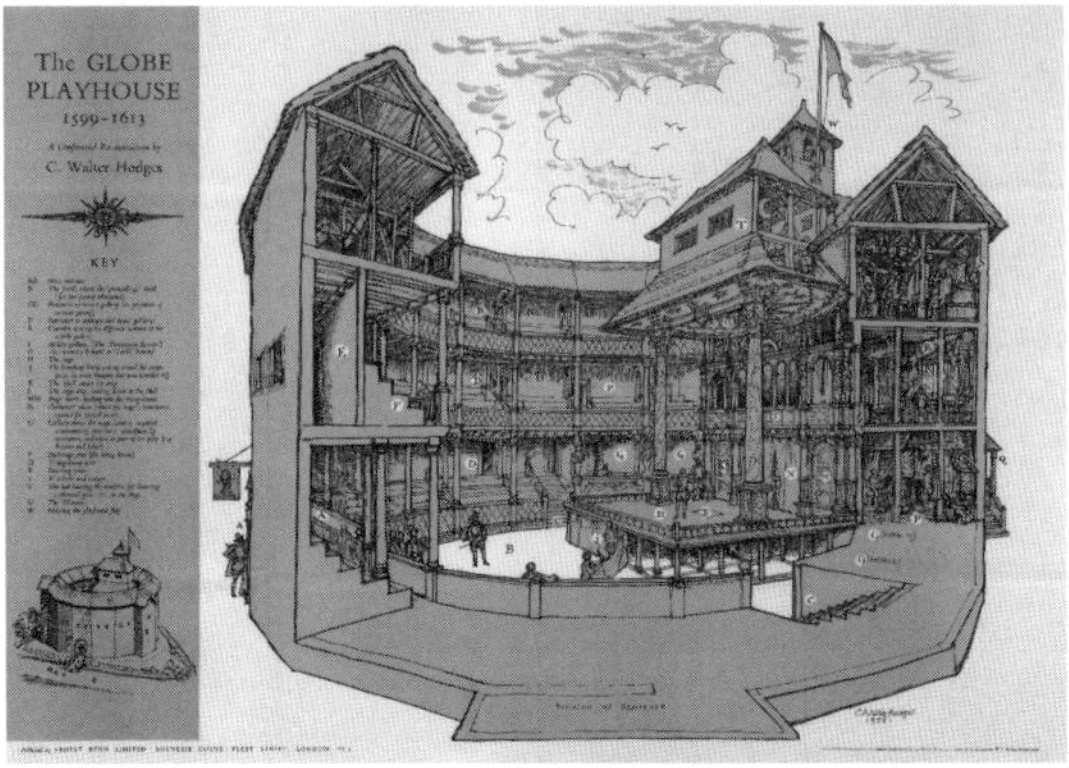

C・ウォルター・ホッジスによるグローブ座復元図

騒然とした雰囲気だったのだろう。

一方、屋根のある桟敷席の木のベンチに座ってゆっくり芝居を見ようとすれば、桟敷席入り口でさらに一ペニー支払う仕組みになっていた。こちらは商人やその妻、学生、法律家、軍人など、ロンドンの中産階級向けだったと思われる。かれらの大半は読み書きができ、シェイクスピアの台詞《せりふ》を聴き取って、楽しむことができる観客層だった。

さらに六ペンス（ペンスはペニーの複数形）支払えば、最上の席（舞台に近い仕切りの桟敷か、ときには舞台の真上の二階部）に案内され、誰にも邪魔されずに間近で芝居を鑑賞することができた。そして一つの芝居を見るために、これほどの額を支払えるのは、富裕な市民や紳士階級、貴族、宮廷人たちだったことはいうまでもないだろう。

もちろん、こうした広範な層の観客を同時に満足させるのは容易なことではない。しかも彼らは、現代の劇場の観客のように静かに舞台を鑑賞していたわけではなかった。

たとえば、グローブ座のこけら落としの演目となったローマ史劇『ジュリアス・シーザー』のなかで、シェイクスピア自身が「あの有象無象《うぞうむぞう》の連中ときたら、あの男が気に入れば拍手し、気に入らなければ野次《やじ》り倒す。まるで芝居小屋の役者を相手にしたような騒ぎだ」と、当時の観客の振る舞いに触れた台詞を残している。つまりこのころの観劇では、観客は役者の演技や台詞に反応して、芝居の進行に介入することも稀ではなかったのだ。

そしてシェイクスピアは、こうした多様で厄介な客層を相手にしながら、平土間の観客の目を楽しませるスペクタクルと、桟敷席の観客の耳に美しく響く無韻詩（一行のうちに弱強のリズムが五回繰り返される詩形）を、一つの劇のなかで両立させるという離れ業をこなしていたのである。たとえば『ハムレット』は、平土間の観客にとっては、亡霊の出現に始まり、派手な決闘で終わる見どころ満載の芝居であり、桟敷席の観客にとっては、主人公ハムレットの沈鬱《ちんうつ》な名台詞が聴きどころの思索的な芝居だったろう。

シェイクスピアはこうして、視覚と聴覚に同時に訴えかけることで、グローブ座に集ったすべての人たちに魔法をかけ、ひとつの劇世界へ巻き込んでいたのである。

そして四百年の時を超えてなお、彼の芝居は世界中で演じられ続けている。いやむしろ、戦争によって世界が、そしてコロナによってひとりひとりが「分断されて」いる今だからこそ、私たちは一層切実な思いで、シェイクスピアの劇場に集うのではないだろうか。人々を感動でひとつに「結びつける」彼の魔法に、闇に抗する希望の光を見いだして。

〔2022・8・26〕

インドネシア・戦時下の祭典

ホートン・W・ブラッドリー

インドネシアには、古くからパサール・マラム（夜市）という年中行事がある。夜市とは言うものの夜だけ開かれるわけではなく、市場でもない。啓蒙《けいもう》活動のような展示から娯楽のようなエンターテインメント、喫茶や食堂も設《しつら》えた大掛かりな祭典である。

オランダ植民地時代のジャカルタ（当時バタビア）では、女王誕生日前後の約二週間、自治体や中国系団体が中心になり、慈善事業のための募金活動を公式目的として開催していた。太平洋戦争前の一九四一年十月にジャワ島第二の都市スラバヤで開催されたパサール・マラムでは、収益の五〇％を戦争基金に、二五％を救急車用基金に、二五％を中国の慈善団体に寄付した。

一九四二年三月九日、オランダ軍が日本軍に降伏し、日本軍政が敷かれたインドネシアは、目まぐるしく社会が変化した。そのような中、四二年九月三日にジャカルタで、小規模なパサール・マラムが三年ぶりに開催された。「民心把握」を掲げていた日本軍が、インドネシアの人々に近づこうとした祭典であった。

一九四三年半ば、日本は少しずつではあるが、インドネシアの「政権参加」を約束し、戦時としては比較的平穏な時期だった。パサール・マラムの計画も各地で動きだし、ジャカルタ特別市では六月二十五日から七月十五日までの日程で、午前十時から午後十一時まで毎日開催されることになった。

当時の日系『ジャワ新聞』は、「パッサル・マラムあす開く」「〝戦う爪哇《ジャワ》〟の縮図――七万坪に展《ひら》く絢爛《けんらん》絵巻」と、写真付きで紹介している（四三年六月二十四日）。大林組の指導でパビリオンが建設され、新爪哇館、日本産業館、プートラ（四三年四月に結成された民族総力結集組織）館、衛生館、写真館等の啓蒙的なパビリオンのほか、運動競技場、音楽館、演劇場、映画館、食堂、売店も併設された。

このうち日本産業館では、繊維、電気、製油、ゴム、ビール等二十社の実物を陳列し、写真館では、ジャワ島の報道担当をしていた朝日新聞社が日本紹介の写真百八枚を展示し、入場者にとっては日本を知る機会にもなった。プートラ館では、戦争や祖国防衛義勇軍への支援活動も展開していた。

また、ビンタンスラバヤ劇団、ビンタンジャカルタ劇団、ミスチチ劇団といった、ジャワ生え抜きのエンターテイナーの公演や、インドネシアの影絵、インドネシア舞踊、民族音楽ガムラン、西ジャワ州の武術「ベンジャン」などの公演もあり、啓蒙活動

スマランで1943（皇紀2603）年10月に開催されたパサール・マラムのパンフレット

と娯楽、日本社会とインドネシア文化理解が相まった祭典であった。

入場料は、インドネシア人の大人十銭、子供五銭、それ以外の民族は倍の値段であったが、七月四日の正午から午後二時までは学生、兵士、貧困層は入場無料にするなど、多くの人が見聞きできる工夫もし、日本軍政の宣伝に努めた。二十日間で約四十万人が来場し、その収益は慈善団体へ寄付され、パサール・マラムは成功裏に終わった。数日後に東条英機首相がジャカルタを訪問している。

同年に各地で開催されたパサール・マラムは、インドネシアが日常を取り戻したかのように錯覚させる。しかし、パンフレットをめくると、カラー印刷の広告や文化公演日程とともに、戦争スローガンが目に飛び込んでくる。戦争は、そこにあったのだ。

戦争末期、日本の戦局が正念場を迎えていたことは、インドネシア全土でも明らかであった。新聞の紙面は削られ、記事は戦況報道ばかりになった。都市部では食糧難で飢餓に苦しむ人々もいた。そして、大きなパサール・マラムは終戦まで再び姿を見せることはなかった。戦争と変化の時代に、「普通の生活」を送ることができた短い享受の期間に開催された祭典は、当時のインドネシア人にとって重要なものであった。

しかし、公式には、戦争に勝つという目的のために人々を集めたものでもあったことも忘れてはならない。庶民の歴史の一ページでもある。

〔2022・9・2〕

英仏百年戦争と長い休戦

佐藤猛

古今東西を問わず、戦争は人々の大規模な離合集散を引き起こし、感染症流行の背景ともなってきた。中世ヨーロッパにおいてペストが大流行したのも、ジャンヌ・ダルクで有名な英仏百年戦争（一三三七～一四五三年）が始まったころであった。

百年戦争は英王家が北仏出身であることから起きた。十二世紀以来、ノルマンディー地方やボルドー周辺には英王の大陸領が広がっていた。英王はこれらの拡大を目指して開戦し、交渉を有利に進めるために、われこそが仏王であると主張した。以後の戦いを人々の集まりに注目して考えてみたい。

約百年のあいだ、英仏の正規軍が戦場で相まみえた合戦は実は数えるほどしかない。戦闘はあらゆる点でリスクが高く、むしろ双方が戦闘の自制を誓った休戦の期間の方が長い。

休戦の交渉では、双方の使節が両陣営の中間に位置する教会等に集まった。そこに王が居合わせることはなかったが、代わりにカトリック世界をつかさどる教皇の特使が同席した。彼らは英仏のあいだに入って、和平が無理ならば休戦をと呼び掛けた。

休戦中には和平交渉も試みられ、約百年間で二度の和平が成立している。つまり、戦争は二度終結しており、平和条約締結の場には王たちも赴いた。だが、条約の内容が新たな火種となり、その度に戦争が再開した。一四二〇年のトロワ平和条約では仏王位継承権が英王家に渡り、ジャンヌ・ダルク登場の背景となった。

「世界平和」や「恒久平和」といった考え方がなかった当時、休戦期間は一～二年を中心に数カ月から数年間に限られていた。

その中で一三九六年、パリに集った英仏二人の王の叔父たちは二十八年間の休戦を取り決めた。これほど長い休戦を誓うことができたなら、戦争終結も可能だったのではないだろうかと考えてしまう。

この頃の英仏はともに国内で政争を抱えていた。英の政争は後にプランタジネット朝からランカスター朝への王朝交代をもたらした。仏ではヴァロワ王家が分裂し、王国政治の主導権を争った。さらに、東方のビザンツ帝国にはイスラーム教徒が迫っていた。

英仏ともに、表向きは戦争よりも異教徒撃退を優先するという点で一致していた。だが、長年の争点であるボルドー周辺の英大陸領の再編については、地元住民の反対もあり英仏の交渉は紛糾した。結局、和平を断念し、国内外の状況から長期休戦に踏み切ったのである。

だが、休戦により稼ぎ口を失う兵士にとって、何よりも平和を願う人々にとって、後ろ向きの長期休戦は納得のいくものだったのか。一三九六年に誓われたのは「休戦」だったが、彼らの気持ちを抑えるために、「和平」が成立したかのような雰囲気がつくり出された。

百年戦争の時代を記録した『フロワサール年代記』の挿絵（写本の一部）。実際には別々に行われた王の叔父たちによる和平交渉（画面中央）と、王の会見（画面両端）が一つの絵に描かれている。

特にドーヴァー海峡沿いの港町カレーの近郊において、英仏の王とそれぞれの首脳部らが一堂に会した際には、周囲に集まる民衆に対して武器携行と暴言が禁止される中、王たちは抱擁してキスを交わし、和平成立時には「平和の聖母教会」を建てることを約束した。翌日には、約四時間に及ぶ国王会談が行われた。

そもそも、英仏の王は百年戦争中にどれほど対面しているのか。二度の和平成立時を除けば、最初の合戦となった一三四六年のクレシーの戦いで、前方両翼を固める兵士越しに対峙したのと、一三九六年の集いの時だけであった。

一三九九年、英で王が廃位され、王朝が交代した。その約十五年後、新王朝治下の英では休戦の期限切れを待たずに国王親征軍が召集され、大陸侵略へと向かった。

戦禍の中、人々は課税の承認や砦《とりで》の補強工事でも集まり、休戦中は英仏間の商取引も再開した。その中で戦争の両輪である戦闘と和平交渉に注目すると、戦闘は交渉打開のための手段としての側面が強かった。休戦の誓いと和平交渉が繰り返された百年は平和共存を模索した百年ともいえる。

二〇二二年初頭、コロナ禍の中で戦争が勃発した。その行方に世界中の注目が集まるが、歴史学は未来を論じる学問ではない。本稿は過去の戦争の経過や戦禍を生きた人々の姿を示すことで、現在起きている戦争を考えるきっかけを届けているにすぎない。

〔2022・9・9〕

秋田藩江戸上屋敷という拠点

清水翔太郎

秋田藩主の江戸における居所、上屋敷《かみやしき》は十七世紀末から江戸時代を通して下谷七軒町《したやしちけんちょう》（現・東京都台東区）にあった。下谷三味線堀《しゃみせんぼり》邸としても知られている。藩主は久保田城本丸（現秋田市千秋公園）で一年間藩政に向き合うと、その翌年は参勤交代のため江戸上屋敷で生活し、徳川将軍に奉公した。藩主の本妻は一六三〇年代以降、江戸に居住することが幕府により慣例化されたため、上屋敷の奥御殿で生活した。その他、上屋敷には藩主の子どもや側妾《そくしょう》（本妻以外の身近な女性）も生活していた。

秋田藩佐竹家の史料を読んでいると「上々様《うえうえさま》」という呼称がよく目に入る。「上々様」とは藩主の家族として処遇された人びとで、藩主の本妻と子どもが該当し、藩主の子を生んだ側妾が身分上昇して含まれることもあった。「上々様」と称された人びとは江戸に居住し、中屋敷《なか》（世嗣《よつぎ》とその家族）または下屋敷《しも》（隠居や後家）を居所とした場合もあったので、日頃からひとつ屋根の下で生活していたのではなく、上屋敷には年中行事や藩主家族の成人儀礼などの際に集った。

藩主の娘に注目すると、彼女たちは生家への帰属性が強く、大名家に輿《こし》入れして生家を離れた

「三味線堀佐竹上屋敷之圖」（大熊喜邦『泥絵と大名屋敷』1939より）

後も、藩から「上々様」として処遇された。

五代藩主佐竹義峰《よしみね》（一六九〇～一七四九年）の娘は四人が成人し、長女蓮寿院《れんじゅいん》（照）は伊予松山藩主松平定喬《さだたか》、二女玉鳳院《ぎょくほういん》（富）は信濃松本藩主松平光雄《みつお》に輿入れした。四女光源院《こうげんいん》（直）は分家大名佐竹壱岐守《いきのかみ》家の世嗣で後に七代藩主となる佐竹義明《よしはる》に輿入れし、八代藩主義敦《よしあつ》（曙山《しょざん》）を生んで間もなく病没した。五女本清院《ほんせいいん》（寿《ひさ》）は平戸藩主松浦《まつら》家の世嗣邦《くにし》に輿入れしたが、夫の没後、年も若かったため佐竹家に戻り、生涯を浅草の下屋敷で過ごした。松浦家は義峰の母聖相院《しょうそういん》の生家であり、光源院と本清院の婚姻は、姻戚大名家との関係を維持するためのものであった。

義峰の娘たちは佐竹家で慶事があると、輿入れ先から上屋敷に集い、料理を振る舞われ、人形浄瑠璃を見物することもあった。また藩主の側妾や奥女中の処遇など、奥御殿の運営に関して意見を求められることもあり、佐竹家の外から生家を支えた存在であった。

なお彼女たちは皆、秋田生まれであった。義峰の側室寛厚院《かんこういん》（保野）を母とし、久保田城本丸の奥御殿で誕生したので、玉鳳院と本清院は十一歳、蓮寿院は十三歳、光源院に至っては十六歳まで秋田で育った。佐竹家では藩主の参勤交代時に側妾も秋田に下向しており、久保田城で出生した子は、多くが夭折《ようせつ》したが、成長すれば江戸上屋敷に居を移した。これを江戸登《えどのぼり》と言い、藩主の娘は上屋敷で父の本妻と擬制的な母子関係を結び、養育された上で、大名家に輿入れしたのである。

九代藩主佐竹義和《よしまさ》の娘本光院《ほんこういん》（節）が六歳で江戸上屋敷に入ったのと比べると、義峰の娘たちの江戸登は随分と遅い。江戸上屋敷にあった義峰本妻円宗院《えんしゅういん》（利）は、藩主の娘としての素養を身につけさせるため、幼少期のうちに彼女たちを江戸で養育することを望んでいた。しかしながら、十八世紀半ばの秋田藩は財政難で移動経費を捻出できなかったため、四人とも江戸登の時期が遅くなったのである。

仙台藩伊達家では、仙台城で出生した藩主の娘が身分の高い家臣の家に輿入れし、生涯を国許で過ごした事例もあった。一方、佐竹家ではそのようなことはなかった。秋田藩主の娘に求められたのは、秋田で藩主家と家臣の家との関係を強化するというよりは、江戸で大名家に輿入れし、大名家とのネットワークを形成、維持することであったと言える。

秋田藩の江戸上屋敷は藩主家族が集い、藩主の子の養育の場としてあり、さらには大名家とのネットワークの形成と維持のための重要な拠点としてあった。その分、そこでの支出が藩財政に重くのしかかっていたのだった。

〔2022・9・16〕

メディアとしての英国の証言劇

大西洋一

コロナ禍で集うことが禁じられていた劇場に、ようやく観客が戻ってきた。シェイクスピア戯曲あり、二十世紀の名作あり、新作ありの英国の舞台で近年重要性を増しているのが、事実調査に基づいて現代の社会事象を扱う「ドキュメンタリー演劇」である。

とりわけ「ヴァーベイタム・シアター」というジャンルが演劇界を席巻している。ヴァーベイタム（verbatim）とは「言葉通りに」「一言一句違わず」という意味で、取材によって得た当事者の「言葉」を忠実に用いながら、それらを演劇的に再構成して作るドキュメンタリー演劇の一形態だ。日本語で「証言劇」「報告劇」と訳される。このジャンルでも活躍しているのが、現代英国を代表する劇作家デイヴィッド・ヘア（一九四七年生まれ）だ。

彼には「ヴァーベイタム・シアター三部作」と呼ばれる作品がある。鉄道民営化後の過度な効率化と利益追求が引き起こした度重なる事故のてんまつを追った「線路」、イラク戦争に踏み切った米国の姿を、ブッシュ大統領をはじめ各国指導者の発言で描き出した「よくあることさ」、リーマン・ショックと世界金融危機の実態を精査した「ザ・パワー・オブ・イエス」である。

そのデイヴィッド・ヘアが、イギリスがロックダウンに向けて動きだした二〇二〇年三月十六日に新型コロナウイルス感染症を発症した。彼は自らが「証言者」となり、十六日間に及ぶ闘病体験と当時の政府の混乱した対応への思いをまとめた一人芝居を書き、同年八月にロンドンのブリッジ・シアターで上演した。名優レイフ・ファインズが主演したこの戯曲の題名は、往年の映画から借りた「悪魔をやっつけろ――COVIDモノローグ」。公演はチケットが完売になるほど人気を博し、後にテレビ映画化もされた。日本では社会派演劇の雄として名高い劇団「燐光群《りんこうぐん》」主宰で劇作家の坂手洋二氏により、二〇二一年に各地で上演された。

各作品の台本の表紙。右から「線路」「よくあることとさ」「ザ・パワー・オブ・イエス」「悪魔をやっつけろ」

「目が覚めて、口の中の下水の味を洗い流そうとする」という言葉で、ヘアのモノローグは始まる。発症患者は、味覚障害や極度の倦怠感《けんたいかん》、高熱、吐き気などで苦しむのだが、さらに病気の「狂乱段階」に入るとさまざまな症状がでたらめに襲ってくるという。まさにこのウイルスは、体の中に投げ込まれて大混乱を引き起こす一種の「放射能爆弾《ダーティ・ボム》」であり、人体を攻撃するメカニズムに皆目見当がつかなかった時点では、中世の時代に人間に取り憑《つ》いた悪魔のようなものであったのだと、当事者だからこその実感がこもった言葉で言い表している。

さらにヘアの言葉に熱が入るのは、政府の失策の数々に矛先が向く時である。ジョンソン首相（当時）率いる保守党政権が、彼の病状と軌を一にして狂乱段階にあったことを、「生き残った者の怒り」をもって糾弾する。入国制限を徹底せず、集団免疫に甘い期待をかけ、大規模な人々の集まりを容認していたが、国内の死者が二十五万人に達するかもしれぬことを悟り、あわてて政府は遅きに失したロックダウンに踏み切ったのだ。ヘアは言う。「誰のせいかはわかっている」

最終的にヘアが焦点を当てるのは「真実」の問題、言い換えれば「公職」（Public life）と「虚言」（untruth）との関係である。首席医務官リアム・ドナルドソンはこう語る。「人間は過ちをおかすものだが、それを隠すのは許されざることであり、ましてやそこから学ばないのは弁明の余地がない」

ヘアは、過ちを覆い隠す政府の言葉を「政府語《ガバメント・スピーク》」と呼ぶ。最悪の例が、医療現場で個人防護具が不足したために集団感染や多くの医療従事者の死を招いたことの責任を問われた内相プリティ・パテルの返答である。「そのように思われたのであれば残念です」。保身に走り、決して自分の非を認めようとはしない傲岸不遜《ごうがんふそん》な政治家の言葉である。

遺族の傷を癒やすのは、「真実」を包み隠さず述べることだと学んでいないのかとヘアは問いかける。劇の最後にヘアは「これから私は悪魔をやっつける」とペンを執るが、それは失政を認めることができず、この病魔に誠実に対処することのできない政権への痛烈な批判となっている。

このようにイギリス演劇の中には、現在の問題について観客に情報を提供し、議論を促す「メディア」の役割を果たすものも存在する。劇場という「フォーラム」に集い、これまで知らなかった人々の言葉に耳を傾け、じっくりと考えを巡らすのも、充実した演劇の楽しみ方であるのだ。

〔2022・9・23〕

中国最古の王権と宮殿

内田昌功

中国では紀元前六〇〇〇年までに農耕が始まり、黄河流域ではアワやキビが、長江流域ではイネが栽培された。人口は増加し、紀元前四〇〇〇年頃には各地に文化を共有する地域的なまとまりが形成された。これらの地域間ではゆるやかな文化交流もおこなわれるようになる。

紀元前三〇〇〇年紀（前三〇〇〇年～前二〇〇一年）は混乱の時代となる。人口はさらに増え、巨大な集落が出現する一方、集落間の緊張が高まり、重厚な城壁や濠《ほり》で守りを固めた集落が現れる。また断続的に気候変動が起き、干ばつや洪水が繰り返し襲った。こうして紀元前三〇〇〇年紀の後半には、各地の文化圏は一様に衰退に向かうことになる。

こうした中で、紀元前二〇〇〇年紀（前二〇〇〇年～前一〇〇一年、日本の縄文時代後期～晩期に相当）に入ると、黄河中流域だけが発展を開始する。要因の一つと考えられているのは、農業技術の革新である。この時期の遺跡からは、従来のキビやアワに加え、南方のイネ、西方のコムギ、さらにダイズが発見されている。中国の中心に位置するこの地域は、周辺地域の作物を積極的に取り入れていったようである。

多様な作物の栽培は天候不順のリスクを軽減し、窒素を固定するダイズの栽培は輪作を効率化した。この結果、農業生産力は大幅に上昇し、この地域の飛躍的発展につながった。

一九五九年、この地で大発見があった。河南省の洛陽盆地の一角で、それ以前とは全く異なる特徴を持つ都市遺跡が発見されたのである。遺跡は所在地の名を取って二里頭《にりとう》遺跡と呼ばれる。遺跡の年代や、その文化の地理的広がりから、『史記』などの歴史書に見える最古の王朝・夏《か》王朝の都だったと考える研究者も多い。

遺跡の面積はおよそ四平方キロメートルあり、この時期の都市としては破格の大きさである。さらに注目されるのは、壮大な宮殿の出現である。遺跡の中央には、土壁で囲まれた宮殿区があり、いくつかの宮殿の遺構が確認された。中でも一号宮殿の遺構はおよそ一〇〇メートル四方あり、土を突き固めて作られた基壇の上に建設されていた。このような宮殿はこれ以前の都市には見られず、巨大な王権が出現したことを物語る。

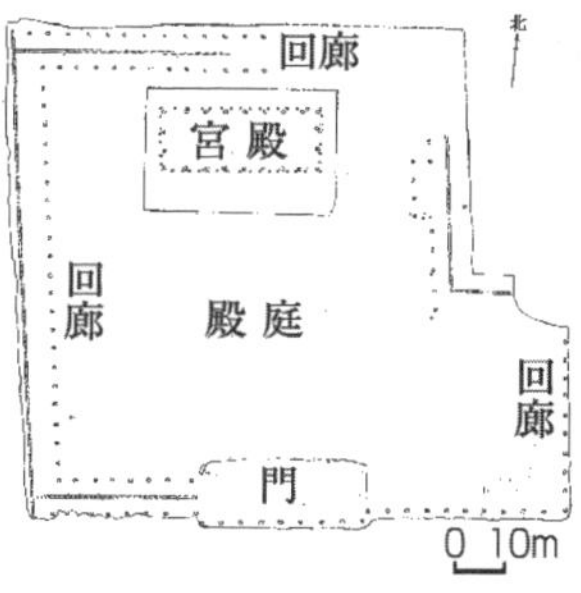

二里頭遺跡１号宮殿（中国科学院考古研究所二里頭工作隊「河南偃師二里頭早商宮殿遺址発掘簡報」〈『考古』1974年第４期所収〉の一部を改変）

一号宮殿には日常生活の痕跡はなく、儀礼の舞台として使用されたようである。この宮殿は、その後の歴代王朝の宮殿と同一の特徴を備えている。北から南に、正殿、殿庭、門が直列し、それらを回廊で囲む構造（図を参照）は、以後三五〇〇年にわたり宮殿の基本構造として継承されている。後世の宮殿の用法から、そこでは君臣関係や身分の上下を再確認する儀礼がおこなわれていたと考えられる。宮殿の巨大さは王権の大きさを、中心軸は王権の中心性を、閉ざされた空間は、入れるものと入れないものの身分差を象徴し、認識させる効果を持った。

儀礼では多様な玉《ぎょく》製の道具が使用された。玉は早くから中国で珍重されてきた素材で、現在もなお中国人にとって特別な宝石である。二里頭では宮廷儀礼の成立とともに、貴族の身分を示す玉器も出現している。また初めて青銅製の酒器が用いられた。青銅自体はこれ以前から利用されていたが、製造技術は格段に向上し、精巧な酒器が作られた。当時の人々にとって、金属の輝きは初めて見るものであり、儀礼の効果を高めたはずである。

このように黄河中流域は革新的な農業システムによって気候変動の時代を乗り切り、二里頭の王権を生み出した。二里頭の王権は、壮大な宮殿と、新技術や希少材を駆使した宮廷儀礼によって王権の安定を試みた。象徴的なのは、二里頭遺跡に城壁や環濠《かんごう》がなかったことである。紀元前三〇〇〇年紀の大規模集落や、二里頭に続く殷《いん》前期の都は高大な城壁により厳重に守られており、二里頭遺跡とは異なっている。

城壁を必要としなかったことは、二里頭の王権が試みた新たな支配の方向性がある程度成功したことを示しているように思われる。儀礼は城壁に匹敵する力を持ったのである。二里頭の王権は、紀元前十六世紀頃、殷によって滅ぼされるが、その宮殿建築や儀礼、青銅器製造の技術は、殷や周《しゅう》、さらにその後の王朝に引き継がれていくことになる。

〔2022・9・30〕

ヴェネツィア、二つの絵画を味わう

佐々木千佳

《モナ・リザ》が展示されているルーヴル美術館の一室には、名画を一目見ようと連日世界中から人々が訪れる。それと向かい合う壁側にあってひときわ目を引くのは、幅一〇メートルもの巨大なカンヴァス画である。ヴェネツィアで活動した画家パオロ・ヴェロネーゼ（一五二八～一五八八年）の《カナの婚礼》（一五六三年）だ。

この作品は、カナという村（現在のイスラエル北部）での婚礼の昼餐《ちゅうさん》にキリストと聖母が招かれた際の出来事を描いている。宴の途中、ぶどう酒が尽きたことを伝え聞いたキリストが水瓶《みずがめ》に水を注《つ》がせると、それらは全てぶどう酒に変化したという奇蹟譚《きせきたん》だ。

キリスト教美術の中で食事や宴会の場面は、さまざまな象徴と関連し、修道院の食堂を飾るのにふさわしいとされた。磔刑《たっけい》前夜に弟子と共にした「最後の晩餐」における、キリストの聖体としてのパンとぶどう酒の食事（聖体の制定）が、聖餐式《ミサ》の原型であることに因《ちな》むからだ。《カナの婚礼》もヴェネツィアのサン・ジョルジョ・マッジョーレ修道院内の大食堂壁面を飾るために注文された。

ヴェロネーゼ画《カナの婚礼》（左は画面左、テーブル奥に描かれた女性を拡大）

しかし画家はこの場面を、静謐《せいひつ》な宗教場面である聖餐というよりもむしろ、古代風の建築を舞台に貴族や聖職者、楽師ら百人超の人物が集う壮麗な饗宴《きょうえん》場面に変貌させた。キリストと聖母が着席する食卓中央では今まさに奇跡が起こされている。画面手前右の水瓶からはぶどう酒が注がれ、手前左では使用人がぶどう酒を左端の新郎新婦の席に届けている。画面上半分のテラス後方では、使用人がせわしなく食事の準備をしているが、ここで切り分けられている肉には、聖餐式での犠牲という宗教的暗喩が込められている。

食卓左奥の女性は、デザートの砂糖漬《キャンディ》を刺すフォークを口にくわえている（拡大図参照）。十四世紀頃イタリアに登場したフォークは貴重品で、豪華な宴席で使用されるようになった。画面左端の飾り皿の陳列は、家の主が実際に披露していたものとされる。ヴェネツィア共和国は奢侈《しゃし》禁止令を頻繁に発令していたが、服飾やグラスなどの描写からそれが順守されていないことがうかがわれる。

さらに柱の隙間などの細部には、子供や物乞い、動物の姿

ヴェロネーゼ画《レヴィ家の饗宴》

が描かれている。すべての人にキリストの奇跡が行き渡ることを示すだけではなく、共和国による実際の福祉政策も暗示していよう。

ヴェロネーゼは十年後、もう一つの祝宴画の代表作《レヴィ家の饗宴》を制作した。当初依頼された主題は「最後の晩餐」で、やはりヴェネツィアの修道院の食堂に飾るためであった。しかし、酔った人々や画面左の階段にいる鼻血を出す給仕らの、聖書に記述のないモチーフが宗教上の適切さを欠くとして、異端審問に召喚されてしまう。庶民的で賑々《にぎにぎ》しい絵画世界が、明快な教義図解を求めた対抗宗教改革の潮流にあって不敬とみなされたのだ。

最終的には、キリストが収税人レヴィの家で盛大な宴会に列席したという福音書の銘文を画中に挿入し、題名を現在のものに変更することで決着したが、画家が問題視された箇所を修正することはなかった。興味深いことに、画家は召喚された尋問の中で「注文は、私が良いと思うように装飾するようにというもの」だと陳述したという。こうした演出を画家自身が裁量できる創造の権利と捉え、権威に屈することはなかったのだ。

東方貿易による富と流行文化を反映した祝宴表現は、当時の人々の生《せい》の輝きを鮮明に留めたものであった。そしてこの活気に満ちた様が芸術家の創作意欲を刺激したことは想像に難くない。人と人を結びつける場を一つのスペクタクルとして提示するという類いまれなる創作によって、画家は「集」の悦《よろこ》びに満ちあふれた人々の姿を示してみせたのだった。

観る者は、画家が構築した現実と虚構を行き来するかのような祝祭的空間を逍遥《しょうよう》し、異質の時間に身を委ねることができたのではないか。我々もまた約五百年前の都市が持っていたエネルギーの一端を感じ取ることができるだろう。

〔2022・10・7〕

著者略歴（五十音順）

内田《うちだ》昌功《まさのり》　一九七二年静岡県生まれ。秋田大学教育文化学部准教授（中国史）。主な著作に「魏晋南北朝の長安」（『魏晋南北朝史のいま』共著）、「ペスト菌に抗した中国」（『ペストの古今東西――感染の恐怖、終息への祈り』共著）、「隋唐長安城の外郭の系譜」（『唐代史研究』二〇）など。

大西《おおにし》洋一《よういち》　一九六五年福島県生まれ。秋田大学教育文化学部准教授（イギリス文学）。主な論文に「一九八四年の記憶――炭鉱ストライキと現代英国表象文化」、「ラジオドラマと「炭鉱」――リチャード・ヒューズ作『危難という喜劇』（１９２４）」など。

大橋《おおはし》純一《じゅんいち》　一九六九年新潟県生まれ。秋田大学教育文化学部教授（日本語学）。主な著作に『東北方言音声の研究』（単著）、『空間と時間の中の方言』『生活を伝える方言会話』『音声言語研究のパラダイム』『音声研究入門』『ＣＤ－ＲＯＭ版 秋田のことば』（以上共著）など。

小倉《おぐら》拓也《たくや》　一九八五年大阪府生まれ。秋田大学教育文化学部准教授（哲学）。主な著作に『カオスに抗する闘い』（単著）、『ドゥルーズの21世紀』（共著）、『こころの熟成――老いの精神分析』（共訳）など。秋田魁新報文化欄にコラム「疾走する哲学」を掲載中（毎月第4火曜日）。

佐々木和貴《ささきかずき》　一九五五年秋田県生まれ。秋田大学名誉教授（イギリス文学）。主な著作に『イギリス王政復古演劇案内』『演劇都市はパンドラの匣を開けるか』（以上編著）、『コメディ・オヴ・マナーズの系譜』（共著）など。日本シェイクスピア協会会員。

佐々木千佳《ささきちか》　一九七四年山形県生まれ。秋田大学教育文化学部准教授（西洋美術史）。主な著作に『都市を描く――東西文化にみる地図と景観図』『ペストの古今東西――感染の恐怖、終息への祈り』（以上編著）、『聴覚のイコノグラフィア：楽器・音楽家・音楽文化』（共著）など。　※編者

佐藤猛《さとうたけし》　一九七五年北海道生まれ。秋田大学教育文化学部准教授（西洋史）。主な著作に『百年戦争期フランス国制史研究』『百年戦争――中世ヨーロッパ最後の戦い』（以上単著）、『ペストの古今東西――感染の恐怖、終息への祈り』（編著）、『侠の歴史 西洋編 下』（共著）など。　※編者

志立正知《しだちまさとも》　一九五八年東京都生まれ。秋田大学教育文化学部教授（日本文学）。主な著作に『「平家物語」語り本の方法と位相』『〈歴史〉を創った秋田藩――モノガタリが生まれるメカニズ

ム』（以上単著）、『西行歌枕――その生涯と名歌の舞台を旅する』（共著）など。

清《し》水《みず》翔《しょう》太《た》郎《ろう》　一九八九年栃木県生まれ。秋田大学教育文化学部講師（日本史）。主な著作に『仙台藩の武家屋敷と政治空間』『東北史講義【近世・近現代編】』（以上共著）、論文に「近世前期における国持大名家の縁組」（『日本史研究』６８１）、など。

髙《たか》村《むら》竜《りょう》平《へい》　一九六八年兵庫県生まれ。秋田大学教育文化学部准教授（文化人類学）。主な著作に『復興に抗する――地域開発の経験と東日本大震災後の日本』（編著）、『済州島を知るための55章』『在日コリアン事典』（以上共著）など。

辻《つじ》野《の》稔《とし》哉《や》　一九六三年長崎県生まれ。秋田大学教育文化学部准教授（フランス文学）。主な論文に「アポリネールの散文作品における『映画と蓄音機』をめぐって」、「アニエス・ヴァルダとその晩年の映画制作法――『百一夜』から『落穂拾い』へ」など。

中《なか》尾《お》信《しん》一《いち》　一九六五年愛媛県生まれ。秋田大学教育文化学部准教授（アメリカ文学）。主な著作に『アメリカ映画のイデオロギー』（編著）、主な論文に「快楽・健康・不安――ヘミングウェイと主体構築のテクノロジー」（『アメリカ文学とテクノロジー』）など。

中村寿《なかむらひさし》　一九七七年静岡県生まれ。秋田大学教育文化学部講師（ドイツ文学）。主な論文に「オーストリアの市民、ユダヤの国民『自衛――独立ユダヤ週刊新聞』」（『ドイツ文学』154）。「マックス・ブロートの『ユダヤの女たち』について」（『独語独文学研究年報』46）。

長谷川章《はせがわあきら》　一九六二年宮城県生まれ。秋田大学教育文化学部教授（ロシア文学）。主な著作に「スターリン期映画のフォルマリスト的瞬間」（『再考 ロシア・フォルマリズム』共著）、「三丁目の『ソ連』ソヴィエト・アニメと現代からの眼差し」（『ロシア文化の方舟』共著）など。　**※編者**

羽田朝子《はねだあさこ》　一九七八年福島県生まれ。秋田大学教育文化学部准教授（中国文学）。主な著作に「満洲国留学生の日本見学旅行記――在日留学生のみた『帝国日本』」（『漂泊の叙事――一九四〇年代東アジアにおける分裂と接触』共著）、『奈良女子高等師範学校とアジアの留学生』（共著）。　**※編者**

ホートン《Horton》**・W・ブラッドリー**《Bradley》　一九六七年米国生まれ。秋田大学教育文化学部准教授（東南アジア史）。主な近著に「Djiwa Baroe :The Japanese Occupation of Java and the Indonesian Press」（『秋田大学高等教育グローバルセンター紀要』2）、「Patjar Koening and the Mysterious Death of Moh. Hoesni Thamrin」Laut Sama Direnangi（UKM, 2022）など。

著者略歴

山崎義光《やまざきよしみつ》　一九六九年北海道生まれ。山形大学地域教育文化学部教授（日本文学、二〇二三年三月まで秋田大学所属）。主な著作に『大正・昭和期における東北の写真文化』『日本浪曼派とアジア』（以上共著）、論文に「三島由紀夫の方法としての写真と映画」（『三島由紀夫研究』22）など。

渡辺英夫《わたなべひでお》　一九五六年栃木県生まれ。秋田大学名誉教授（日本史）。主な著作に『シリーズ藩物語　秋田藩』『東廻海運史の研究』『近世利根川水運史の研究』（以上単著）、『横手市史　通史編　近世』『秋田の近世近代』（以上編著）、『秋田県の歴史』（共著）など。

あとがき

コロナ禍では、医療従事者の過酷な日々が伝えられてきたが、文系の学者も何ができるのかと苦悩していた。秋田大学教育文化学部では、文学や歴史の教員が古今東西の人々の姿を見つめ直し、新聞連載の形で発信してきた。コロナがインフルエンザと同じ扱いとなった節目でこの企画に一区切りつけるにあたり、連載を続けてきた経緯を書き残しておきたい。

二〇二〇年夏、筆者が所属する地域文化学科では、ほぼすべての授業がオンラインで行われていた。西洋史の担当者として今しかないと、中世ヨーロッパのペスト大流行について調べ始めたが、学生がいない静かな学内で誰かと話したかったのか。ペストの世を描いた有名な図像について、西洋美術史の佐々木千佳に助言を求めた。対面ではなく電話で意見を交わした。気が付くと、感染症について、同僚たちはどのような題材《ネタ》を持っているかと話していた。

この会話というよりも通話をきっかけに、新聞連載「感染症 世界×文化」（全十一回）を企画した。秋田魁新報社の文化部に提案したところ、採用していただいた。連載終了後には、すべての記事が同社HPにおいて公開され、紙面と秋田を越えて届けられた。SNSのツイッターで紹介したところ、多数のコメントを頂いた。国内外を問わず、様々な地域に住む人々が未曾有の事態において、人類の歩みと叡智の中に何かのヒントを探している様子が伝わってきた。
文学や芸術、歴史や哲学の持つ力を実感して、企画の継続を決意した。立案には佐々木ととも
に、地域と分野のバランスから中国文学の羽田朝子と日本文学の山﨑義光が加わった。二〇二一
年に旅行や帰省の自粛を背景として「旅と移動」、翌二二年には会食や竿燈祭りなどのイベント
が再開する中で「集う人々」を届けることができた。約四か月にわたる連載期間中は、ロシア文
学の長谷川章と筆者がほぼ毎日、ツイッターとインスタグラムでこれを紹介した。
三年間で計四十五本の記事を本書に収録するにあたり、コロナ禍だからこそ用いられた語句や
表現は極力掲載時のままとし、文末に掲載日を添えている。はしがきと各部の導入文は編者四
名で作成した。表題に掲げた「行き交い 集う」は三連載の内容をたんに要約したものではない。
それらが人間のあらゆる活動にとって不可欠であるというコロナ禍で痛感した教訓とともに、そ
れが新たな形で再開し、そこに笑顔が溢れて欲しいという希望が込められている。
初回連載から本書制作まで、秋田魁新報社の相馬高道さん（文化部）と渡辺歩さん・柳山努さん（同
事業局）からはいつも目が覚めるような助言を頂いた。そして、一人一人のお名前を記すことは
難しいが、SNS上の無数の方々からは、身近で時事的な題材を人文学の視点で、各分野が一丸
となって論じる勇気を頂いた。今後も地域の人々と連携して、世界を見つめ、文系だからこそ着
想できる論題や企画を発信することで恩返ししていきたい。

佐藤猛

行《い》き交《か》い、集《つど》う人々《ひとびと》　感染症《かんせんしょう》×文系力《ぶんけいりょく》

編　　者　佐藤《さとう》猛《たけし》・佐々木《ささき》千佳《ちか》・羽田《はねだ》朝子《あさこ》・長谷川《はせがわ》章《あきら》
発 行 日　2023年7月30日

発 行 人　佐川 博之
発 行 所　株式会社秋田魁新報社
〒010-8601 秋田市山王臨海町1-1
Tel.018(888)1859
Fax.018(863)5353

定　　価　本体1,000円＋税

印刷・製本　秋田活版印刷株式会社

乱丁、落丁はお取り替えします。
ISBN 978-4-87020-430-0　c0095　¥1000E